TIME

JANUARY 16, 2017

Botox

**보톡스는
800가지 병을
치료한다**

지은이

Alexxandra Sifferlin (알렉산드라 시퍼린)
Journalist of TIME Magazine

옮긴이

토마스 안(태동) Thomas D. Ahn
미국 University of California (MBA)
미국 Warren CEO 경영대학원 Business School (Ph.D.)
코리아헤럴드어학원 TIME, 뉴스 Free Talking 담당교수
http://www.heraldstudy.com

벨라 정(희정) Dr. Bella Chung
코리아헤럴드어학원 NYTimes 영자신문, Speaking 패턴영어회화 담당교수
http://www.heraldstudy.com
http://cafe.naver.com/timekorea

보톡스

초판 1쇄 인쇄 2017년 4월 7일
초판 1쇄 발행 2017년 4월 14일

지은이 알렉산드라 시퍼린
옮긴이 토마스 안 · 벨라 정
디자인 공존
펴낸곳 이런타임(elearntime)

주소 서울시 종로구 삼봉로 95 2-1004(견지동 대성스카이렉스)
전화 02-739-5333
팩스 02-739-5777
e-mail elearntime@naver.com

ISBN 979-11-85345-10-9 03300

• 이 책은 저작권법에 의하여 보호를 받는 저작물이므로 무단 전재와 복제를 금합니다.
• 잘못된 책은 구입하신 서점이나 본사로 연락하시면 바꿔 드립니다.
• 책값은 뒤표지에 있습니다.

TIME

이런
타임
시사

JANUARY 16, 2017

Botox

보톡스는 800가지 병을 치료한다

우울증, 심장병,
편두통, 발기부전,
요통, 다한증,
침흘리기 이외 793가지
만병통치

영·한 Bilingual Reading

알렉산드라 시퍼린 지음
토마스 안·벨라 정 옮김

🌐 elearntime

모든 병을 치료하는 약

주름은 잊어버려라.
보톡스는 이제
편두통을 치료하는데 쓰이고
우울증과 눈떨림,
빈뇨, 야간뇨, 요실금의 과민성방광증 및
손 다한증 등의 치료에도 쓰인다.

일부는 그것을 기적의 약이라고 부르는 반면,
다른 사람들은 경고한다.
위험성이 아직 알려지지 않았다는 것이다.

보톡스의 폭발적인 사업 확장과
미지의 과학속으로.

알렉산드라 시퍼린

The drug that's treating everything

Forget wrinkles.
Botox is now
being used to treat migraines,
depression, twitching eyes,
overactive bladders,
sweaty palms and more.

Some call it a marvel of medicine;
others caution
the risks are still unknown.

Inside the exploding business and
strange science of botox.

By Alexandra Sifferlin

●
노만 로젠탈 박사는 최근 치료 중이던
환자 한 사람으로부터
자살을 생각한다는 이야기를 들었다.
이 환자의 자살 충동은 처음이 아니었고
꾸준히 항우울증 치료를 하고 있었기 때문에,
메릴랜드 주 노스 베데스다에서 개업 중인
정신과 의사 로젠탈 박사는
이번에는 그에게 조금 다른 방법을 제안하고 싶었다.
"선생님, 이번에는 보톡스를 한번 맞아 보시죠.
집으로 돌아가는 길에 예약 날짜를 잡아 놓으세요"
로젠탈 박사가 그에게 말했다.

During a recent therapy session,
최근 치료 중에
One of Dr. Norman Rosenthal's regulars
노만 로젠탈 박사의 환자 중 하나가   **regular** 외래환자
said he was considering suicide.
자살을 생각했다고 말했다
It wasn't first time
이것이 처음은 아니었다
the patient had entertained the thought,
환자가 자살 충동을 품었던 것이   **entertain** 생각을 품다
and even though he was on antidepressants and
심지어 그는 항우울증 치료 상태였고   **antidepressant** 항우울증
Rosenthal, a licensed psychiatrist
정식 정신과 의사인 로젠탈은   **licensed** 면허받은

6

●

During a recent therapy session, One of Dr. Norman Rosenthal's regulars said he was considering suicide. It wasn't first time the patient had entertained the thought, and even though he was on antidepressants and always kept up with his appointments, Rosenthal, a licensed psychiatrist with a private practice in North Bethesda, Md., wanted to offer his patient something else.

"I think you should get Botox," Rosenthal told him. "You should schedule an appointment on your way home."

always kept up with his appointments,
늘 의사의 치료를 받고 있었다

with a private practice in North Bethesda, Md.,
메릴랜드 주 북 베데스다에서 개업 의사로서

wanted to offer his patient something else.
그의 환자에게 좀 다른 방법을 제안하고 싶었다

"I think you should get Botox," Rosenthal told him.
"제 생각에 당신은 보톡스를 맞아야겠습니다" 로젠탈이 그에게 말했다

"You should schedule an appointmenton your way home."
"집에 가는 길에 예약을 잡아 놓으세요"

●

선례가 없었던 것은 아니지만 정신과 의사에게서 나온
이 말은 의외의 지시였다.

2014년, 조지타운 의대 정신의학과 교수 로젠탈과
조지 워싱턴 의대 정신의학과 조교수 에릭 핀지 박사의
공동연구에서 심한 우울증이 있던 사람들이
보톡스 주사를 맞은 뒤 6주 후에
위약이 투여된 사람들에 비하여 증세의 호소가
더 적었다고 발표했다. 우울증 질환 전문가로 널리 알려진
로젠탈 교수는 이렇게 말한다.

"저는 지금까지 우울증에 관한
흥미롭고 특이한 상황을 관찰해 왔는데
보톡스가 도움이 많이 된다는 것을 알고 있기는 하지만
아직 이것이 주류는 아닙니다."

It was peculiar advice
이것은 의외의 지시였다 **peculiar** 뜻밖의
coming from a shrink,
정신과 의사로부터 나온 **shrink** 정신과 의사
but not without precedent.
선례가 없는 것은 아니지만 **precedent** 선례
In 2014, Rosenthal, a clinical professor of psychiatry
2014년 정신과 의학교수인 로젠탈과
at Georgetown University School of medicine,
조지타운 의대의
and Dr. Eric Finzi, an assistant professor of psychiatry
그리고 정신과 조교수 에릭 핀지 박사는
at George Washington School of Medicine,
조지 워싱턴 의대의
published a study showing that
다음에 제시하는 연구를 발표했다
when people with major depression
심한 우울증이 있는 사람들이 **depression** 우울증

●

It was peculiar advice coming from a shrink, but not without precedent. In 2014, Rosenthal,a clinical professor of psychiatry at Georgetown University School of medicine, and Dr. Eric Finzi, an assistant professor of psychiatry at George Washington School of Medicine, published a study showing that when people with major depression got Botox, they reported fewer symptoms six weeks later than people who had been given placebo injections. "I'm always on the lookout for things that are unusual and interesting for depression," says Rosenthal, who is widely considered an expert on the condition. "I've found Botox to be helpful, but it's still not mainstream."

---

got Botox,
보톡스를 맞았을 때,

they reported fewer symptoms six weeks later
6주 후 그들은 증세가 더 적다고 보고했다

than people who had been given placebo injections.
위약이 투여된 사람보다 **placebo** 위약

"I'm always on the lookout for things
"나는 항상 상황을 관찰하고 있다 **lookout** 관찰·주시하다

that are unusual and interesting for depression,"
우울증에 관한 특이하고 흥미 있는 것들을"

says Rosenthal,
로젠탈 교수가 말한다

who is widely considered an expert on the condition.
그는 질환 전문가로 널리 알려진 사람이다 **condition** 상태·환경·병

"I've found Botox to be helpful,
"나는 보톡스가 도움이 되는 것을 알았다

but it's still not mainstream."
하지만 아직 주류는 아니다 **mainstream** 주류·대세

●

미국 식품의약품안전청(FDA)은 우울증에 대한
보톡스 처방을 아직 승인하지 않고 있지만,
그렇다고 의사들의 처방을 막고 있는 것도 아니다.
미국에서는 승인 약품과 마찬가지로
이런 식의 보톡스 미승인 용도 적용은 합법이다.
그 이유는 일단 신약이 특정 질환에 대해
식약청 허가를 받게 되면 정식 의사들이
유익하다고 판단하는 한
효력 입증에 상관없이
합법적으로 모든 의료에서 처방이 허용되기 때문이다.

It's also not approved
승인하지도 않았고
by the U.S. Food and Drug Administration (FDA)
미국 식품약품 안전청(FDA)에서
for depression,
우울증에 관하여
not that that stops doctors
의사들을 막은 것도 아니다
from prescribing it that way.
그런 식으로 처방하는 것을   **prescribe** 처방하다
Such off-label use of Botox,
그런 보톡스의 미승인 사용은   **off-label** 미승인 약품
like that of any FDA-approved drug,
FDA승인 약들과 마찬가지로
is legal in the U.S.
미국에서 합법적이다

It's also not approved by the U.S. Food and Drug Administration (FDA) for depression, not that that stops doctors from prescribing it that way. Such off-label use of Botox, like that of any FDA-approved drug, is legal in the U.S. That's because once a drug has been approved by the FDA for a condition, licensed physicians are legally allowed to prescribe it for any medical issue they think it could benefit, regardless of whether it's been proved to work for that condition.

That's because once a drug has been approved
이유는 일단 약이 허가되면
by the FDA for a condition,
한 가지 질병에 대해 FDA로부터
licensed physicians
정식 의사들은
are legally allowed to prescribe it
그 약 처방이 합법적으로 허용된다
for any medical issue
모든 의료 지시에
they think it could benefit,
의사들이 그것이 도움이 될 수 있다고 생각하는
regardless of whether it's been proved
입증에 상관없이
to work for that condition.
그 병에 대한 효력에   **condition** 병·질환

현재, 젊음을 유지하려는 문화적 현상과 의료적 성과에
힘입어 폭발적으로 주름개선에 사용되고 있는 보톡스는
주로 미승인 용도 처방 덕택에
화장 용도를 훨씬 넘어서
점점 더 많은 질병문제 해결에 도입되고 있다.
로젠탈 박사의 환자가 겪는 우울증은
땀 과다분비와 목근육 경직에서부터 방광요실금, 조루증,
편두통, 차가운 손이나 특히 심장수술 후 심방잔떨림에 의한
위험한 심장질환조차 모두 다 포함하는 목록 중
일례일 뿐이다. 이제 의사들이 보톡스를 사용하는
질환의 범위는 현기증이 일어날 정도로 광범위해지면서
거대한 대성공을 창조한 보톡스 산업의 특이한 전략만큼이나
이 약의 독특한 특성을 그대로 반영한다.

Now, thanks in large part to off-label use,
이제 폭넓은 미승인 사용 덕택에

Botox—the wrinkle smoother that exploded
보톡스는 (주름을 펴주는 제품은 폭발적으로 증가됐음

as a cultural phenomenon and medical triumph—
문화적 현상과 의료적 성과로)   **phenomenon** 현상   **triumph** 승리

is increasingly being drafted for problems
점점 더 문제에 도입되고 있다   **draft** 이용하다

that go far beyond the cosmetic.
미용을 훨씬 넘어서

The depression suffered by Rosenthal's patient
로젠탈 교수의 환자가 겪는 우울증은

is just one example on a list that includes everything
모든 것을 포함하는 목록의 일례일 뿐이다

from excessive sweating and neck spasms
땀 과다분비와 목근육 경직에서부터   **sweat** 땀   **spasm** 경련

to leaky bladders, premature ejaculation,
방광요실금, 조루증까지   **premature ejaculation** 조루증

Now, thanks in large part to off-label use, Botox—
the wrinkle smoother that exploded as a cultural
phenomenon and medical triumph—is increasingly
being drafted for problems that go far beyond the
cosmetic. The depression suffered by Rosenthal's
patient is just one example on a list that includes
everything from excessive sweating and neck
spasms to leaky bladders, premature ejaculation,
migraines, cold hands and even the dangerous
cardiac condition of atrial fibrillation after heart
surgery, among others. The range of conditions
for which doctors are now using Botox is dizzying,
reflecting the drug's unique characterristics as
much as the drug industry's unique strategies for
creating a blockbuster.

migraines, cold hands
편두통, 차가운 손 **migraines** 편두통
and even the dangerous cardiac condition
심지어 위험한 심장질환까지 **cardiac condition** 심장질환
of atrial fibrillation after heart surgery, among others.
특히 심장수술 후 심방잔떨림에 의한 **atrial** 심방 **fibrillation** 섬유성 연축
The range of conditions
병리상태의 범위는 **range** 범위
for which doctors are now using Botox
현재 의사가 보톡스를 사용하는
is dizzying,
현기증이 날 정도이며 **dizzy** 현기증
reflecting the drug's unique characteristics
그 약의 특이한 특성을 반영한다
as much as the drug industry's unique strategies
보톡스 산업의 특이한 전략만큼이나 **strategy** 전략
for creating a blockbuster.
엄청난 대성공을 창조한 **blockbuster** 초베스트 셀러 · 큰 영향력

●

보톡스는 클로스트리듐 보툴리눔 세균에 들어있는
일종의 신경독성 유도물질이다.
상한 음식을 섭취했을 때
몸 안으로 들어온 이 독성은 신체의 주요 근육작용을
방해하여 마비를 일으키고 심할 경우 사망한다.
하지만 보톡스 소량을 대상 부위에 주사하면
신경과 근육 간 신호전달이 차단되고 근육이 이완된다.
이것이 바로 주름을 펴는 원리다.
즉 에워싼 미세 주름근육이 고정되면서
주름의 움직임이 줄고 눈에 덜 띄게 된다.
FDA가 과민성방광증 치료를 승인한 이유 역시 이런 원리다.
즉 보톡스는 뇨의가 없는데도 오줌을 눠야 할 것 같은
기분이 느껴지는 본의 아닌 근육수축을 막을 수 있다.

Botox is a neurotoxin derived
보톡스는 일종의 신경독성 유도물질이다
from the bacterium Clostridium botulinum.
클로스트리듐 보툴리눔 세균에서 나온 **bacterium** 세균
Ingested in contaminated food,
오염된 음식으로 섭취된 **ingested** 섭취된
it can interfere with key muscles in the body,
그것은 신체 중요 근육을 방해할 수 있다 **interfere** 간섭 · 지장
causing paralysis and even death.
마비를 일으키면서 심하면 사망에 이른다 **paralysis** 마비
But when injected in tiny doses into targeted areas,
하지만 대상 부위에 소량을 주사하면
it can block signals between nerves and muscles,
보톡스는 신경과 근육 간 신호전달을 막을 수 있다
causing the muscles to relax.
근육을 이완시키면서
That's how it smooths wrinkles:
그것이 주름을 펴는 방법이다

Botox is a neurotoxin derived from the bacterium
Clostridium botulinum. Ingested in contaminated
food, it can interfere with key muscles in the
body, causing paralysis and even death. But
when injected in tiny doses into targeted areas, it
can block signals between nerves and muscles,
causing the muscles to relax. That's how it smooths
wrinkles: when you immobilize the muscles that
surround fine lines, those lines are less likely to
move—making them less noticeable. It's also why
it's FDA-approved to treat an overactive bladder:
Botox can prevent involuntary muscle contractions
that can cause people to feel like they have to pee
even when they don't.

when you immobilize the musclesthat surround fine lines
에워싼 미세 주름근육이 고정되면 **immobilize** 고정하다
those lines are less likely to move—
선들이 움직일 가능성이 줄어든다
making them less noticeable.
즉 그들이 덜 눈에 띄도록 만들면서
It's also why it's FDA-approved to treat an overactive
bladder:
이것 역시 보톡스가 과민성방광치료에 대해 FDA 승인을 받은 이유다
Botox can prevent involuntary muscle contractions
보톡스는 무의식적 근육 수축을 막을 수 있다 **involuntary** 不隨意의
that can cause people to feel
그것은 사람이 기분을 느끼도록 하는 것이다
like they have to pee even when they don't.
마치 때가 아닌데도 오줌을 눠야 할 것 같은 **pee** 오줌

●

2015년에 제약회사 앨러간이 생산한 보톡스는
미용보다 치료용에서 국제적 매출액의 절반 이상인
2조 9천억 원의 수익을 냈다.
그런 비화장용 매출은 의사들이 승인 외 용도로 보톡스를
몇 년 더 실험하기도 전에, 앨러간이 자체 연구를
좀 더 하기도 전에,
몇 년 내에 풍선처럼 부풀 것이다

In 2015, Botox,
2015년에 보톡스는
produced by pharmaceutical maker Allergan,
제약회사 앨러간에 의해 생산되었다
generated global revenue of $2.45 billion—
국제적 매출액 2조 888십억 원의 수익을 냈고
more than half
절반 이상을
of which came from therapeutic
치료용에서 매출을 올린 것 중   **therapeutic** 치료의
rather than cosmetic uses.
미용 목적보다는

In 2015, Botox, produced by pharmaceutical maker Allergan, generated global revenue of $2.45 billion—more than half of which came from therapeutic rather than cosmetic uses. That noncosmetic revenue is likely to balloon in the years ahead as doctors try out Botox for even more off-label uses and as Allergan conducts studies of its own.

That noncosmetic revenue
그런 비미용 매출은
is likely to balloon in the years
몇 년 내에 풍선처럼 부풀 가능성이 있다
ahead as doctors try out Botox
의사들이 보톡스를 실험하기도 전에   **try out** 시도·실험
for even more off-label uses
미승인 사용을 좀 더
and as Allergan conducts studies of its own.
또한 앨러간이 자체 연구를 하기도 전에

●

"이런 사례 대부분의 경우에 있어서 보톡스 미승인
용도 처방의 최전선에 의사들이 있기 때문에 독성물질의
효과를 전혀 기대하지 못했던 질환의 치료를 보게 됩니다.
저는 한 번도 들어보지 못한 질환 곳곳에 이 독소를
사용하고 있는 의사들을 만나게 됩니다."라고
민 동 씨가 말한다.
실험실에서 보툴리눔 독소를 연구하는
하버드 의대 연구자인 그는
앨러간 회사의 재정지원과 관계가 없다.

"In the majority of these cases,
"이런 사례 대부분에 있어서 **majority** 다수
 it's the doctors at the front line
 최전선에 의사들이 있다
 who start using Botox off-label,
 그들이 보톡스 미승인 사용을 시작한다
 and then we see the treatment of things
 그러면 우리는 치료를 보게 된다
 we never expected the toxin to work for,"
 우리가 전혀 기대 못했던 독성 물질의 효과를" **toxin** 독소
 says Min Dong,
 민 동 연구자가 말한다
 a researcher at Harvard Medical School
 하버드 의대 연구자인

●

"In the majority of these cases, it's the doctors at the front line who start using Botox off-label, and then we see the treatment of things we never expected the toxin to work for," says Min Dong, a researcher at Harvard Medical School who studies botulinum toxins in the lab and has no financial ties to Allergan. "I meet with physicians who are using the toxin everywhere— for diseases you would never know about."

who studies botulinum toxins in the lab
그는 실험실에서 보툴리눔 독소를 연구하는데
and has no financial ties to Allergan.
앨러간 회사의 재정지원 관계는 없다 **financial tie** 재정 연대
"I meet with physicians
"나는 의사들을 만난다
who are using the toxin everywhere—
그 독소를 어느 곳이든 사용하고 있는
for diseases you would never know about."
즉, 한 번도 들어 본 적이 없는 질환들에"

보톡스의 가능성은 엄청나지만 위험성이 없는 것은 아니다.

필자가 이야기를 나눴던 전문가 대부분은 정식 의사가

보톡스 미량을 관리하면 안전하다는 데 동의하지만,

신약 전체에 대한 허가 외 용도로 사용이 확대될 때

따르는 자체 안전성에 대해 모두가 동의하지 않는다.

최근에 널리 알려진 수많은 소송 중 앨러간 회사를 상대로

원고들이 제기한 미승인 약품 사용이

소아 뇌성마비나 성인 수전증과 같은 질환에 대하여

오랫동안 유해한 부작용을 야기했다고 주장했다.

하지만 보톡스 사용을 수용하는 전 세계 진료소의

숫자 증가와 그에 따르는 판매 증가는

느려질 기미가 보이지 않는다.

The potential of the drug is enormous, but it isn't without risks.
그 약의 잠재력은 엄청나지만 위험성이 없는 것은 아니다

Most of the experts I spoke with
내가 대화했던 전문가 대부분은

agree that in small doses, Botox is safe
미량의 보톡스가 안전하다는 데 동의한다

when administered by a licensed professional,
정식 의사가 관리할 때   **administer** 관리하다

but not everyone agrees
하지만 모두가 동의하는 것은 아니다

that its safety extends to all of its newer off-label uses.
그 자체 안전성이 허가 외 신약 전체 사용으로 확대되는데

In recent years, a number of high-profile lawsuits
최근 수많은 잘 알려진 소송들이   **a number of** 수많은

have been brought against Allergan
앨러간을 상대로 이루어졌다

The potential of the drug is enormous, but it isn't without risks. Most of the experts I spoke with agree that in small doses, Botox is safe when administered by a licensed professional, but not everyone agrees that its safety extends to all of its newer off-label uses.

In recent years, a number of high-profile lawsuits have been brought against Allergan in which plaintiffs claimed that off-label uses—for ailments including a child's cerebral-palsy symptoms, for instance, or an adult's hand tremors—resulted in lasting deleterious side effects. Still, the drug's acceptance in a growing number of doctors' offices worldwide, and its revenue growth, show no signs of slowing.

in which plaintiffs claimed that
거기서 원고들은 주장했다   **plaintiff** 원고·고소인
off-label uses—for ailments
허가 외 사용은 (질환들에 대해서   **ilment** 병·질환
including a child's cerebral-palsy symptoms,
소아 뇌성마비를 포함한   **cerebral-palsy** 뇌성마비
for instance, or an adult's hand tremors—
혹은, 예를 들어 성인 수전증에)   **tremor** 떨림·흔들림
resulted in lasting deleterious side effects.
오래 지속되는 나쁜 부작용이 따랐다고   **deleterious** 해로운
Still, the drug's acceptance in a growing number
하지만 점점 증가하는 보톡스의 수용은
of doctors' offices worldwide,
전 세계의 의사 진료소에서
and its revenue growth,show no signs of slowing.
그리고 이 매출 증가는 느려질 기미가 보이지 않는다

●
이것은 불과 몇 년 전만 하더라도 할리우드 칵테일파티
손님들이 벨리니 와인 한잔 하러 왔다가 앞이마에 온통
보톡스 주사를 맞고 떠나는 정도와 관련이 있던
이 약에 대한 놀라운 약진이다.
또 환자를 위해 새로운 치료법을 찾는 의사들이
승인 약품에 대한 창의적인 새로운 사용법을 탐색하는 가운데
발생할 수 있는 진일보 사례를 보여준다.
다시 말하면, 연방 규제 범위를 넘어서 널리 행해지는
실제 세상의 실험들인 셈이다.
완전히 검증되지 않은 방법으로
의약품을 처방하는 데 따르는 위험한 문제점들이 차례로
제기되기도 하지만 그런 일은 언제나 일어나고 있다.

It's a remarkable arc for a drug
한 의약품으로서는 괄목할 만한 약진이다   **arc** 호·아치모양
that only a few years ago
그 약은 불과 몇 년 전에는
was associated with Hollywood cocktail parties
할리우드 칵테일파티와 관련있는 정도다
where guests came for Bellinis and
그곳에서 손님들은 술 한잔 하러 왔다가   **Bellini** 와인
left with a forehead full of Botox injections.
앞이마에 보톡스 주사를 가득 맞고 떠났다
It highlights the advances that can occur
그런 앞선 시도는 부각되었다
when physicians, seeking new therapies for their patients,
의사들이 환자를 위해 새 치료법을 찾았을 때
explore creative new uses
창의적인 새로운 적용을 탐색하면서

It's a remarkable arc for a drug that only a few years ago was associated with Hollywood cocktail parties where guests came for Bellinis and left with a forehead full of Botox injections. It highlights the advances that can occur when physicians, seeking new therapies for their patients, explore creative new uses for approved drugs—basically, real-world experiments that take place largely beyond the reach of federal regulators. That, in turn, raises questions about the risks of deploying medicines in ways that have not been fully vetted. But it happens all the time.

for approved drugs—
허가된 약품에 대한

basically, real-world experiments that take place largely
다시 말하면, 널리 행해지고 있는 실제 세상의 실험들이다

beyond the reach of federal regulators.
연방 규제 범위를 넘어 **federal regulator** 연방규제

That, in turn, raises questions
그것은 차례로 문제점이 제기된다

about the risks of deploying medicines
의약품 사용 위험에 관해서 **deploy** 적용 · 알맞은 사용

in ways that have not been fully vetted.
완전한 검사를 받은 적 없는 방법의 **vet** 수의사 · 검사하다

But it happens all the time.
하지만 그런 일은 언제나 발생한다

●

이 약은 우연히 얼굴의 주름을 펴는 가능성을 발견한 이래
많은 발전을 거듭해왔다. 1970년대에 사시라고 불리는
의료적 치료가 필요한 상태의 사람들을 치료하기 위해
안과 의사 앨런스콧 박사가 독소 연구를 시작했다.
"어떤 환자는 와서 농담으로 이렇게 말하곤 했어요.
'의사 선생님, 주름살 펴러 왔어요' 하면서 크게 웃었는데,
솔직히 저는 그 말이 실제로 무슨 의미를 담고 있었는지
제대로 이해하지 못했습니다."라고 스콧 박사는 2012년에
CBS방송에서 말했다.
스콧 박사는 그 약을 '오클리늄'으로 이름짓고
1978년에 같은 이름의 회사를 설립했다.
그는 1989년에 사시 치료와
비정상 눈꺼풀 떨림을 위한 치료제로 FDA 승인도 받았다.

The drug has come a long way
보톡스는 많은 발전을 해왔다   **a long way** 많은 발전
since its ability to smooth facial wrinkles
얼굴 주름을 펴는 능력이
was first discovered, by accident.
처음으로 우연히 발견된 이래   **by accident** 우연히
In the 1970', ophthalmologist Dr. Alan B. Scott
1970년대에 안과 의사 앨런 B. 스콧이   **ophthalmologist** 안과 의사
started studying the toxin as a therapy for people
사람에 대한 치료로 독소 연구를 시작했다   **therapy** 치료
with a medical condition that rendered them cross-eyed.
의료적 치료가 필요한 사시라고 표현하는   **render** 표현하다
"Some of these patients
"어떤 일부 환자들은
that would come would kind of joke and say,
이런 농담을 하며 말하곤 했다
'Oh, Doctor, I've come to get the lines out.'
'의사 선생님, 주름살 펴러 왔어요'

●

THE DRUG HAS COME A LONG WAY since
its ability to smooth facial wrinkles was first
discovered, by accident. In the 1970', ophthal-
mologist Dr. Alan B. Scott started studying the toxin
as a therapy for people with a medical condition
that rendered them cross-eyed. "Some of these
patients that would come would kind of joke and
say, 'Oh, Doctor, I've come to get the lines out.'
And Iould laugh, but I really wasn't tuned in to the
practical, and valuable, aspect of that," Scott told
CBS in 2012. Scott named the drug Oculinum and
formed a company of the same name in 1978. In
1989 he received FDA approval for the treatment of
strabismus (the crossed-eye disorder) and abnormal
eyelid spasms.

And I would laugh, but I really wasn't tuned in
나는 웃었지만 제대로 이해하지 못했다   **turn in to** 이해하다
to the practical, and valuable, aspect of that,"
그런 면의 실질적 가치에 대해"
Scott told CBS in 2012.
스콧은 2012년에 CBS방송에서 말했다
Scott named the drug Oculinum and
스콧 박사는 그 약을 오클리넘이라고 명명했고
formed a company of the same name in 1978.
1978년에 같은 이름의 회사를 설립했다
In 1989 he received FDA approval
1989년에 그는 FDA 승인도 받았다
for the treatment of strabismus(the crossed-eye
disorder)
사시 치료를 위한   **strabismus** 사시·사팔눈
and abnormal eyelid spasms.
그리고 비정상 눈꺼풀 떨림까지   **spasm** 경련

●
2년 뒤 앨러간은 오클리눔 회사를 100억 원에 매입하고

약 이름을 보톡스로 바꿨다.

당시에 앨러간은 본래부터 콘택트렌즈 세정제나

건조한 눈의 처방전에 맞는

약품 종류를 판매하는 눈 관리 회사였는데

연간 약 6000억 원 매출을 올리게 되었다.

앨러간은 보톡스를 틈새시장 약품으로 보았다고 한다.

미국 인구 중 사시를 지닌 사람을

4% 정도로 추산했던 앨러간은

그에 대한 약을 최초로 승인 받고

1991년 말까지 약 150억 원 판매를 이끌었다.

Two years later, Allergan
2년 뒤 앨러간은
bought Oculinum for $9 million
오클리넘을 100억 원에 사서
and changed the drug's name to Botox.
그 약 이름을 보톡스로 바꿨다
At the time, Allergan
당시 앨러간은
was primarily an ocular-care company
본래 시력관리 회사였다   **ocular** 눈의
that sold products like contact-lens cleaners
콘택트렌즈 세정제 같은 상품을 파는
and prescription solutions for dry eyes,
또 건조한 눈의 처방전을 해결하는 회사였는데
bringing in about $500 million in annual sales.
연간 약 5900억 원 매출을 올린다

●

Two years later, Allergan bought Oculinum for $9 million and changed the drug's name to Botox. At the time, Allergan was primarily an ocular-care company that sold products like contact-lens cleaners and prescription solutions for dry eyes, bringing in about $500 million in annual sales. Allergan says it saw Botox as a drug for a niche population: it's estimated that 4% of people in the U.S. have crossed eyes, for which the drug was initially approved, and Allergan made about $13 million in sales from the drug by the end of 1991.

Allergan says
앨러간은 말한다
it saw Botox as a drug for a niche population:
보톡스를 틈새집단 약으로 보았다고   **niche** 틈새
it's estimated
이는 추산된다
that 4% of people in the U.S. have crossed eyes,
미국 내 4% 사람이 사시를 지닌 것으로
for which the drug was initially approved, and
이를 위해 그 약이 최초로 승인되었고   **initially** 처음으로
Allergan made about $13 million in sales from the drug
앨러간은 그 약으로 약 150억 원 매출을 만들었다
by the end of 1991.
1991년 말까지

●

1998년 데이빗 파이욧은 앨러간의 CEO가 되었다.
그는 보톡스의 주름 감소 가능성에 관하여
열정적이었고 회사가 그와 관련된 여러 가지 연구를
수행하도록 추진시켰다고 말한다.
2002년에 보톡스는 양눈썹 사이의
소위 찡그리는 주름에 대해 FDA 승인을 얻으면서
처음으로 미용 목적의 전용 약 제조에 청신호를 주었다.
보톡스가 주름개선으로 승인되기 한 해 전인 2001년에는
약 3700억 원의 매출을 창출했다.
과민성방광증에 대하여 허가가 났던 2013년까지
앨러간은 보톡스 매출로
거의 2조 4천억 원을 신고했다.

In 1998, David E.I. Pyott became CEO of Allergan.
1998년 데이빗 E.I. 파이욧은 앨러간 CEO가 되었다
He was enthusiastic
그는 열정적이었다
about Botox's wrinkle-reducing potential,
보톡스의 주름 감소 가능성에 관하여
he says,and pushed
그는 추진했다고 말한다
the company to conduct a series of studies on the matter.
회사가 그 문제에 대해 여러 연구를 수행하도록
In 2002, Botox earned FDA approval
2002년에 보톡스는 FDA승인을 얻었다
for so-called frown lines—wrinkles between eyebrows—
소위 찡그리는 주름에 대해 (양눈썹 사이의 주름들)
marking the first time a pharmaceutical drug
첫 번째 제조약을 만드는 일은

In 1998, David E.I. Pyott became CEO of Allergan. He was enthusiastic about Botox's wrinkle-reducing potential, he says, and pushed the company to conduct a series of studies on the matter. In 2002, Botox earned FDA approval for so-called frown lines—wrinkles between eyebrows—marking the first time a pharmaceutical drug was given the green light for a strictly cosmetic purpose. In 2001, the year before Botox was approved for wrinkles, it generated about $310 million in sales. By 2013, the year it was approved for overactive bladder, Allergan reported nearly $2 billion in revenue from Botox.

was given the green light
청신호를 주었다
for a strictly cosmetic purpose.
전적인 미용 목적에   **strictly** 전적으로
In 2001,
2001년은
the year before Botox was approved for wrinkles,
주름에 대해 보톡스가 승인되기 전 해였는데
it generated about $310 million in sales.
약 3650억 원 매출을 창출했다
By 2013, the year it was approved for overactive bladder,
과민성방광에 대해 허가를 받은 2013년에   **overactive bladder** 과
민성방광
Allergan reported nearly $2 billion
앨러간은 거의 2조 4천억 원을 신고했다
in revenue from Botox.
보톡스 수입으로   **revenue** 수입 · 매출

●

단 10년만에 미용 보툴리눔 독소 A형 주사를 맞는
미국인 숫자가 폭발적으로 늘었다.
(주로 보톡스에 의한 결과지만, '다이스포트'라고 불리는
또다른 회사도 있으며 그곳 시장점유율은 10% 이하다.)
2000년부터 2015년까지 주름개선을 위한
이 독성물질 사용은 759% 증가했다.
보톡스 파티에서 시작하여
풍자적인 농담으로 말하자면 사은품 카드까지 생겼고
이것 역시 문화적 현상이 되었다. 2008년 미국 TV 드라마
"섹스앤더시티" 주인공 사만다는 "나는 결혼은 믿지 않지만,
보톡스만은 언제나 효과가 있더라"라며 비아냥거렸다.

In just over a decade,
단 10년 만에
the number of people in the U.S.
미국에서 인구는   **the number of** 숫자
receiving cosmetic botulinum toxin type A injections
미용 보툴리눔 독소 A형 주사를 맞는
—mostly from Botox but also
(주로 보톡스로부터만
from another brand called Dysport,
다이스포트로 불리는 또다른 회사도 있는데
which commands less than 10% of the market
그것은 시장 점유율 10% 이하로 팔린다)   **command** 팔리다
—exploded.
폭발적이었다
From 2000 to 2015,
2000년부터 2015년까지
use of the toxins for wrinkles increased 759%.
주름개선을 위한 그 독소 사용은 759% 증가했다

In just over a decade, the number of people in the U.S. receiving cosmetic botulinum toxin type A injections—mostly from Botox but also from another brand called Dysport, which commands less than 10% of the market—exploded. From 2000 to 2015, use of the toxins for wrinkles increased 759%. It became a cultural phenomenon too, spawning Botox parties, *Simpsons* jokes, even greeting cards. In 2008, Sex and the City character Samantha famously quipped, "I don't really believe in marriage. Now Botox, on the other hand, that works every time."

It became a cultural phenomenon too,
이것 역시 문화적 현상이 되었다
spawning Botox parties,
보톡스 파티에서 시작되며   **spawn** 알을 낳다·확산하다
Simpsons jokes, even greeting cards.
심슨의 풍자적 농담으로 말해서 사은품 카드까지
In 2008,
2008년에
Sex and the City character Samantha famously quipped,
섹스앤더시티 주인공 사만다는 비아냥거렸다   **quip** 비아냥거리다
"I don't really believe in marriage.
"나는 정말 결혼은 믿지 않아
Now Botox, on the other hand, that works every time."
하지만, 보톡스만은 언제나 효과가 있어"

●

하지만 오늘날 이 약을 의료에 사용하게 되면서 의사들이
점점 더 처방에 적극적으로 활용하고 있기 때문에 보톡스는
더 큰 돈벌이가 되고 있다. 보툴리눔 독성 A형 물질은
클로스트리디움 보툴리눔에서 만들어진 일곱 가지 신경독성
물질 중 하나다. 보툴리누스 중독에 걸리면 시야가 흐려지거나
지속적인 연하(삼킴) 곤란을 겪게 되고 경우에 따라
더 악화되기도 한다. 최근 사례는 2015년에 오하이오 주
어느 교회 포틀럭 파티에 참석했던 30명 가까운 사람들이
병원에 입원했고 그 중 한 사람이 사망했다.
발병은 전적으로 부적절하게 집에서 만든 캔 감자를
이용하여 만든 감자 샐러드에 원인이 있었다.
캔은 독성 수준을 감안해 볼 때 박테리아의 온상이었다.
일부 국가는 생물무기 가능성을 두고 연구까지 해왔다.

But today it's the medical uses of the drug that
하지만 오늘날 이 약의 그런 의료 사용은

are the great moneymaker,
엄청난 돈벌이다

in part because doctors
부분적 이유로 의사들이

are getting a better handle on how to use it.
그 약 사용을 점점 더 잘 다루면서

Botulinum toxin type A is one of seven neurotoxins **neurotoxin**
보툴리눔 독성물질 A형은 일곱 가지 신경독 중 하나다

produced from Clostridium botulinum.
클로스트리디움 보툴리눔에서 만들어진

Contracting botulism is bad news:
보툴리누스 중독에 걸리면 좋지 않다   **contract** 걸리다

it can cause blurred vision,
시야가 흐려질 수 있고   **blur** 흐려지다

persistent trouble swallowing and worse.
지속적인 연하 곤란이 오고 더 악화되기도 한다   **swallowing** 연하·삼킴

●

But today it's the medical uses of the drug that are the great moneymaker, in part because doctors are getting a better handle on how to use it. Botulinum toxin type A is one of seven neurotoxins produced from *Clostridium botulinum*. Contracting botulism is bad news: it can cause blurred vision, persistent trouble swallowing and worse. In one recent case, close to 30 people were hospitalized in Ohio in 2015 after attending a church potluck. One person died. The outbreak was ultimately attributed to a potato salad made from improperly homecanned potatoes that were harboring the bacteria. Given its level of toxicity, some countries have even explored its potential use as a bioweapon.

In one recent case, close to 30 people were hospitalized
최근 한 사례에서, 30명 가까운 사람들이 입원했다
in Ohio in 2015 after attending a church potluck.
2015년 오하이오에서 교회 포틀럭 파티 참석 후   **potluck** 음식지참파티
One person died.
한 사람은 사망했다
The outbreak was ultimately attributed to a potato salad
발병은 전적으로 감자 샐러드에 원인이 있었다   **outbreak** 돌발·폭발·출현
made from improperly home-canned potatoes
부적절하게 자가 제작된 캔 감자로 만든
that were harboring the bacteria.
그 캔은 박테리아 온상이었다   **harbor** 항구·은신처·품다
Given its level of toxicity,
독성 수준을 감안해 볼 때   **given** 감안하면
some countries have even explored
일부 국가는 연구까지 해왔다   **explore** 탐구하다
its potential use as a bioweapon.
그의 생물무기로써 사용 가능성을   **bioweapon** 생물무기

●

보톡스는 소량만으로 독약이 되지만
전문가 대부분은 의료에 그 정도의 미량을
사용하는 것은 안전하다고 생각한다.
하버드 의대 연구자 동은 이렇게 말한다.
"사람에게 맹독으로 알려진 독소가 오늘날 의료에
가장 유용한 물질이라는 사실은 대단히 흥미로운 일입니다."

보톡스는 일시적으로 근육 활동을 못하도록 작용한다.
보톡스가 주입된 근육은 신경과
교류가 되지 않도록 차단된다.
근육 활동을 마비시키는 보톡스가 정상 범위를
벗어난 시선을 안정시키고, 눈꺼풀 떨림을 제거하고,
겨드랑이의 땀 분비 촉진 신경으로부터 오는 신호를 막는다.

Whit Botox, however, the dose makes the poison.
보톡스 소량은 독약이 된다   **whit** 조금·소량·미량
In medicine, it's used in such small amounts
하지만 의료에서는 그 정도 미량을 사용한다
that most experts deem it safe.
대부분 전문가는 그것을 안전하다고 여긴다   **deem** 생각한다·여기다
"it's fascinating," says Dong, the Harvard researcher.
"그것은 대단히 흥미롭습니다" 하버드 연구자 동이 말한다
"There are the most toxic substances known to man,
"사람에게 맹독 물질로 알려진   **substance** 물질
and they are also the most useful toxins
똑같은 물질이 가장 유용한 독성물질입니다
used in medicine right now."
요즘 의료에서 사용되는"
Botox works
보톡스는 작용을 한다

Whit Botox, however, the dose makes the poison. In medicine, it's used in such small amounts that most experts deem it safe. "it's fascinating," says Dong, the Harvard researcher. "There are the most toxic substances known to man, and they are also the most useful toxins used in medicine right now."

Botox works by temporarily immobilizing muscle activity. It does this by blocking nerve-muscle communication, which makes the injected muscles unable to contract. Paralyzing muscle activity is how Botox can steady a straying gaze, eliminate an eyelid spasm or stop signaling from nerves that stimulate sweat in a person's armpit.

by temporarily immobilizing muscle activity.
일시적으로 근육 활동을 고정시키는　**immobilize** 움직이지 않게 하다
It does thisby blocking nerve-muscle communication,
신경–근육 교류 전달을 차단함으로써 이 작용을 한다
which makes the injected muscles unable to contract.
주입된 근육이 수축할 수 없도록 만들어서
Paralyzing muscle activity
근육 활동 마비는　**paralyze** 마비
is how Botox can steady a straying gaze,
보톡스가 벗어난 시선을 안정시키고　**steady** 안정된　**stray** 벗어나다
eliminate an eyelid spasm
눈꺼풀떨림을 없애거나　**eliminate** 없애다 · 제거하다 · 사라지다
or stop signaling from nerves
신경으로부터 오는 신호를 멈추게 한다
that stimulate sweat in a person's armpit.
겨드랑이 땀 분비를 촉진하는　**armpit** 겨드랑이 · 액와 · 싫은 장소

●

보톡스는 또 만성 편두통 방지도 보여주고 있지만
정확하게 보톡스가 어떻게 작용하는지는 분명하지 않다.
(편두통 예방에 보톡스 효과를 확실하게 이해하는
의사들조차 심한 두통을 일으키는 최초 유발 원인이
무엇인지 확실히 모르기 때문에 신중해야 한다.)
"편두통에 대한 여러 가지 의료실험이 있었지만
대부분 성공하지 못했어요.
어디에 얼마만큼 투여해야 하는지 파악하는데
오랜 시간이 걸렸어요"라고 앨러간 약품개발
의약부 수석 부사장이자 보톡스 담당 책임자인
미첼브린 박사가 말한다.
오늘날 편두통을 예방하기 위해 사람들은
머리와 목 31곳에 보톡스 주사를 맞는다.
보톡스 효과는 상태에 따라 3~6개월 간 지속된다.

Botox has also been shown to prevent chronic migraines,
보톡스는 만성 편두통 제압도 나타낸다   **chronic** 만성
but there, it's unclear exactly why Botox works.
하지만 정확하게 어떻게 보톡스가 작용하는지 불분명하다
(For doctors, reaching a firm understanding
(확실하게 이해하고 있는 의사들은   **firm** 굳게
of how Botox prevents migraines
보톡스가 편두통을 예방하는 효과를
will be tricky,
신중해야 할 것이다   **tricky** 교묘한·방심할 수 없는
since they don't know for certain
왜냐하면 그들은 확실한 것을 모르기 때문이다
what causes the severe headaches in the first place.)
심한 두통의 최초 유발이 무엇인지)
"There were multiple clinical trials for migraines,
"편두통에 대한 다양한 의료 실험이 있었는데
and most of them failed," says Dr. Mitchell Brin,
대부분은 성공하지 못했다" 미첼 브린 박사가 말한다

●

Botox has also been shown to prevent chronic migraines, but there, it's unclear exactly why Botox works. (For doctors, reaching a firm understanding of how Botox prevents migraines will be tricky, since they don't know for certain what causes the severe headaches in the first place.) "There were multiple clinical trials for migraines, and most of them failed," says Dr. Mitchell Brin, senior vice president of drug development at Allergan and chief scientific officer for Botox. "It took a long time to figure out where to inject and how much." Today people who receive Botox for migraine prevention get 31 injections in different spots on their head and neck. The effects of Botox can last about three to six months depending on the condition.

senior vice president of drug development at Allergan
그녀는 앨러간 약품개발 의약부 수석 부사장이자

and chief scientific officer for Botox.
보톡스 담당 책임자다

"It took a long time to figure out
"파악하는데 오랜 시간이 걸렸다   **figure out** 알아내다·이해하다

where to inject and how much."
어디에 얼마만큼 투여하는지"

Today people who receive Botox for migraine prevention
오늘날 편두통 예방을 위해 보톡스를 맞는사람들은

get 31 injections in different spots on their head and neck.
머리와 목 31개 다른 곳에 주사를 맞는다

The effects of Botox can last about three to six months depending on the condition.
보톡스 효과는 상태에 따라 3~6개월 간 지속될 수 있다

●

편두통에 대한 보톡스 사용은 이 약에 대한 새로운 수많은
응용과 마찬가지로 일종의 요행사고 같은 것이었다.
비버리 힐즈의 한 성형외과 의사가 보톡스 관련 보고서를
검토하는 과정에서 주름개선을 위해 보톡스를 맞은 사람들이
두통에 대한 호소가 더 적었다는 내용이
편두통 연구의 기초가 되었다.
이와 유사하게 유럽 의사들도
안면 경련으로 보톡스를 맞은 환자들이 평소보다
땀이 덜 나는 것을 주목했을 때 호기심에 끌렸다.
"이것은 정말 뜻밖의 발견이예요"라고 브린 박사는 말한다

The use of Botox for migraines was,
편두통에 대한 보톡스 사용은
like many other new applications for the drug,
그 약에 대한 새로운 수많은 응용과 마찬가지로
a kind of happy accident.
일종의 요행사고 같은 것이었다   **accident** 사고
A Beverly Hills plastic surgeon observed
비버리 힐즈의 한 성형외과 의사는 관찰했다   **plastic surgeon** 성형외
과 의사
that people who got Botox for wrinkles
주름개선으로 보톡스를 맞은 사람들이
were reporting fewer headaches,
두통을 더 적게 호소한다는 것을
paving the way for studies about migraines.
이것이 편두통 연구의 기초를 놓았다   **pave the way** 길을 내다

The use of Botox for migraines was, like many other new applications for the drug, a kind of happy accident. A Beverly Hills plastic surgeon observed that people who got Botox for wrinkles were reporting fewer headaches, paving the way for studies about migraines. Similarly, doctors in Europe were intrigued when they noticed that their patients who got Botox for facial spasms were sweating less than usual.

"It's pure serendipity," says Brin.

Similarly, doctors in Europe
유럽의 의사들도 유사하게
were intrigued
호기심에 끌렸다   **intrigue** 끌다 · 호기심을 돋우다
when they noticed
그들이 알게 되자
that their patients who got Botox for facial spasms
안면 경련으로 보톡스를 맞은 환자들이   **spasm** 경련
were sweating less than usual.
일반 경우보다 땀이 덜 나온다는 것을   **sweat** 땀
"It's pure serendipity,"
"이것은 정말 뜻밖의 발견이다"   **serendipity** 뜻밖의 발견 · 우연한 발견
says Brin.
브린 박사가 말한다

사람들은 흔히 약리 효과의 발견에 대하여 대기업의 실험실,
비용, 엄격한 임상실험을 연계시키지만 특정 용도로 정부 승인을
받았던 다른 수많은 약품과 마찬가지로 보톡스가 서서히
이행해야 할 임무는 미승인약 처방에 의해 추진되었다.
보톡스의 경우, 미승인 약을 실험하는 의사들은 환자 치료를
위해 더 나은 방법을 찾을 목적으로 시도한다고 말한다.

"30년 의료 경험에서 보톡스는 지금까지 내가 봐 온 가운데
가장 두드러진 처방 효과를 나타내는 것 중 하나입니다"라고
로욜라 시카고 대학 스트리치 의대 학장이자 다양성 연구소
원장인 린다브루베이커 박사는 말한다.
그녀는 2013년 FDA가 허가하기도 전에 독립적으로
과민성방광 병리상태에 대한 보톡스 효과를 연구했다

Though people often associate pharmaceutical discovery
사람들은 흔히 약리적 발견을 연계시키지만   **associate** 연관 · 어울리다

with giant industrial laboratoriesand expansive,
rigorous clinical trials,
대기업체 실험실, 비용이 많이 들고 임상 실험이 철저한 것과   **rigorous** 엄
격한 · 정확한

the mission creep for Botox
보톡스가 서서히 이행해야 할 임무는   **creep** 서서히 다가가다

—as with many other drugs
(수많은 다른 약품 경우와 마찬가지로

that have received government approval for one specific use
단일 특정 용도를 위해 정부 승인을 받았던)   **specific use** 특정 용도

—has been driven by off-label use.
승인 외 용도 처방으로 추진되어 왔다

In the case of Botox,
보톡스의 경우에 있어서

doctors who experiment off-label say they do so
미승인 약품을 실험하는 의사들은 이래서 한다고 말한다

THOUGH PEOPLE OFTEN ASSOCIATE pharmaceutical discovery with giant industrial laboratories and expansive, rigorous clinical trials, the mission creep for Botox—as with many other drugs that have received government approval for one specific use—has been driven by off-label use.

In the case of Botox, doctors who experiment off-label say they do so because they're looking for better treatment options for their patients. "In my 30 years of medical practice, Botox is one of the most impactful treatments I had ever seen," says Dr. Linda Brubaker, dean and chief diversity officer of the Loyola University Chicago Stritch School of Medicine, who independently studied Botox for overactive bladder before the FDA approved it for that condition in 2013.

because they're looking for better treatment options for their patients.
그들의 환자를 위해서 더 나은 치료방법을 찾기 때문에

"In my 30 years of medical practice, Botox is
"나의 30년 의료경험에서 보톡스는

one of the most impactful treatments
가장 강력한 효과의 처리 중 하나다   **impactful** 매우 효과적인

I had ever seen," says Dr. Linda Brubaker,
지금까지 내가 봐 온 것 중에서"라고 린다 브루베이커 박사가 말한다

dean and chief diversity officer
학장이자 다양성 연구소 원장인   **diversity** 다양성

of the Loyola University Chicago Stritch School of Medicine,
로욜라 시카고 대학 스트리치 의대

who independently studied Botox for overactive bladder
그녀는 독립적으로 과민성 방광에 대한 보톡스를 연구했다

before the FDA approved it for that condition in 2013.
2013년 FDA가 그런 질환에 대해 그것을 허가하기도 전

●

그 박사가 치료하면서 만났던 많은 여성은 질환이 오랜 기간
이어졌기 때문에 약을 복용하고 싶어하지 않았다.
브루베이커 박사가 연구를 시작했을 때
하루 평균 5회 정도의 요실금이 보톡스로 치료하자 그 중
약 70%가 하루 평균 3회 정도만 보고하는 것을 알게 되었다.
"보톡스는 그들에게 대단히 가치있는 방법이예요"라고
그녀는 말한다. 지금까지 보톡스의 확대 사용은 주로
의사 주도였던 것이 사실이다.
하지만 제약회사들 역시
FDA가 승인 외 용도를 공식적으로 허가하기 훨씬 전부터
그런 식의 사용을 인지하고 있었고 마침내
주름개선에 대해 승인하도록 만든 계기가 되었다.

Many of the women she saw in her practice
그녀가 의술 시행에서 보았던 많은 여성들은

didn't want to take drugs for the disorder over the long term.
장기간에 걸친 질환에 대해 약 복용을 원치 않았다　**take drug** 약을 복용하다

Brubaker found
브루베이커 박사는 알았다

that about 70% of women she treated with Botox
그녀가 보톡스로 치료한 여성 약 70%가

reported an average of three leaks a day,
하루 평균 3회 요실금을 보고했다　**leak** 새다·흘리다

compared with average of five leaks a day
하루 평균 5회와 비교해서

at the start of the study.
연구 시작 시점에

"It's a very rewarding option for them," she says.
"그들에게 이것은 대단히 가치있는 방법이다"라고 그녀는 말한다

●

Many of the women she saw in her practice didn't want to take drugs for the disorder over the long term. Brubaker found that about 70% of women she treated with Botox reported an average of three leaks a day, compared with average of five leaks a day at the start of the study. "it's a very rewarding option for them," she says.

It's true that Botox's ever expanding uses have been largely physician-driven. But drugmakers are also often aware of off-label uses long before those uses are officially recognized by the FDA; that's how Botox ended up being approved for wrinkles, fter all.

It's true
이것은 사실이다

that Botox's ever expanding uses
지금까지 보톡스의 확대 사용이

have been largely physician-driven.
주로 의사 주도로 이루어지는 것은

But drugmakers are also often aware of off-label uses
하지만 제약회사들 역시 때때로 미승인 사용을 알았다

long before those uses are officially recognized by the FDA;
그런 용도를 FDA가 공식 허가하기 오래 전부터

that's how Botox ended up
그것이 보톡스를 허가하게 된 방법이다 **end up** 마무리되다

being approved for wrinkles, after all.
마침내 주름개선에 대해 승인되도록

●

일부 산업계 내부 관련자들은 제약회사 대표들과 의사들이
허가 약품의 다른 용도에 관하여 서로 정보를 공유하는 것이
여전히 법적으로 애매하다 하더라도 이례적인 일은
아니라고 말한다.
예를 들어 어느 의사가 사시에 대한 치료로
시선을 밖으로 향하게 하는 방법을 알았다면
그는 구매한 약품의 회사 대표에게 결과를 언급할 수도 있고,
또 회사 대표는 다른 고객들에게도
그 이야기를 나누게 될 수도 있다.

Some industry insiders say
일부 산업계 내부자들은 말한다
it's not unusual,
이것은 이례적인 일이 아니라고
if still legally murky,
여전히 법적으로 애매하다 하더라도　**murky** 흐린·애매한
for drug-company representatives and doctors
제약회사 대표들과 의사들은
to share information with one another
서로 정보를 공유하는 것이　**one another** 서로
about the different ways an approved drug
승인 약품의 다른 용도에 관하여
may be used.
익숙해 있는지 모른다

Some industry insiders say it's not unusual, if still legally murky, for drug-company representatives and doctors to share information with one another about the different ways an approved drug may be used. If a doctor notices that, say, a treatment for crossed eyes also "takes the lines out," he may mention it to the representative from whom he buys the drugs. That rep may share that with another of his clients, and so on.

If a doctor notices
한 의사가 알았다고 하면

that, say, a treatment for crossed eyes
예를 들어 사시에 대한 치료를

also "takes the lines out,"
시선을 밖으로 돌리게 하는 것도 역시

he may mention it to the representative
그는 대표에게 그것을 언급할지도 모른다

from whom he buys the drugs.
약을 사게 될 회사에서 나온

That rep may share that
대표는 그것을 나눌지도 모른다 **rep: representative** 대표

with another of his clients, and so on.
그의 고객 등등의 다른 사람과

●

미국 제약회사들은 입증되지 않은 용도의 약품에 대하여
FDA에 유효성 입증을 제출하여
기관의 정식 승인을 받을 때까지 판매가 금지된다.
만약 그들이 이 단계를 건너 뛰면
법을 위반하게 되어
가혹한 처벌을 받게 된다.

U.S. pharmaceutical companies
미국 제약회사들은 **pharmaceutical** 약학의 · 의학의
are prohibited from marketing a drug
약품 판매가 금지된다 **prohibit** 금지하다 · 막다
for unapproved purposes
미승인 용도에 대해서 **purpose** 목적 · 용도
until they've submitted proof
그들이 근거를 제출할 때까지 **submit** 제출
to the FDA of its efficacy and
FDA에 유효성을 제출해서 **efficacy** 유효성

U.S. pharmaceutical companies are prohibited from
marketing a drug for unapproved purposes until
they've submitted proof to the FDA of its efficacy
and gotten the agency's green light. If they skip that
step, they're breaking the law, and the penalties
can be steep.

gotten the agency's green light.
그 기관의 정식허가를 받을 때까지   **green light** 정식허가·청신호
If they skip that step,
만약 그들이 이 단계를 건너뛰면   **skip** 거르다·생략하다·건너뛰다
they're breaking the law,
그들은 법을 위반하는 것이고   **break** 위반
and the penalties can be steep.
처벌은 가혹해진다   **penalty** 벌금·처벌·불이익 **steep** 가혹·엄격

●

2010년에 앨러간은 유죄를 인정하고 당시에 FDA 승인을
받지 않았던 두통, 통증, 경직과 소아 뇌성마비의 병리 상태에
대해 보톡스를 불법으로 추진한 혐의 해결을 위해 6억 원을
지불하는데 동의했다. 검찰은 고발에서 앨러간이 "대상 환자의
건강에 대한 부정적 영향을 고려하지 않은 채 고의적으로
보톡스를 미승인 용도로 불법적이며 적극적으로 사용했다"고
말했다. 미국 법무부 역시 앨러간이 자궁경부 근육긴장이상에
(극도의 경부근육 감퇴에 의한 기능 이상) 대한 승인 약품을
"통증과 두통에 대한 미승인 약품 판매를 증가시키는데 불법적으
로 활용했다"고 주장했다.

또 검찰은 앨러간이 당시 미승인 상태인 보톡스 용도에 관하여
의사들에게 발표시키거나 다른 의사들을 훈련시키기 위해
돈을 주었다고 주장했다.

In 2010, Allergan pleaded guilty
2010년에 앨러간은 유죄를 인정했고 **pleaded guilty** 유죄를 인정하다
and agreed to pay $600 million to resolve allegations that
혐의 해결로 6억 원 지불에 동의했다 **allegation** 혐의
it unlawfully promoted Botox for conditions—including
병리상태에 대한 보톡스의 불법적 추진이었다는
headaches, pain, spasticity and juvenile cerebral palsy—
(두통, 통증, 경직, 또 소아 뇌성마비까지 포함한다) **spasticity** 경직
that at the time were not approved by the FDA.
당시에 그것은 FDA에 승인을 받지 않았다
In one of the complaints, prosecutors said that
검찰의 주장 중 하나에서 다음을 이야기했다
Allergan "illegally, vigorously and without any thought
앨러간은 "불법적이고 적극적이고 의도적으로 **vigorously** 활발하게
to the possible negative health effects
건강 효과의 부정적 가능성에 대한
to which it subjected patients,
대상으로 하는 환자에 관한

In 2010, Allergan pleaded guilty and agreed to pay $600 million to resolve allegations that it unlawfully promoted Botox forconditions—including headaches, pain, spasticity and juvenile cerebral palsy—that at the time were not approved by the FDA. In one of the complaints, prosecutors said that Allergan "illegally, vigorously and without any thought to the possible negative health effects to which it subjected patients, promoted off-label uses of Botox." The U.S. Department of Justice also argued that Allergan exploited on-label uses for cervical dystonia—a disorder characterized by extreme neck-muscle contractions—to "grow off-label pain and headache sales." Prosecutors also argued that Allergan paid doctors to give presentations and trainings to other physicians about Botox uses that at the time were off-label.

promoted off-label uses of Botox."
보톡스의 미승인 용도를 추진했다"

The U.S. Department of Justice also argued
미국 법무부 역시 주장했다

that Allergan exploited on-label uses for cervical dystonia
앨러간은 자궁경부 근육 긴장 이상의 승인 약품을 활용했다 **exploit** 부당하게 활용하다

—a disorder characterized
(이것은 기능이상 특징이 있다

by extreme neck-muscle contractions—
극도의 경부근육 감퇴에 의한)

to "grow off-label pain and headache sales."
통증과 두통의 미승인 약품 판매를 증가시키도록

Prosecutors also argued that Allergan paid doctors
검찰도 앨러간은 의사들에게 돈을 지불했다고 주장했다 **prosecutor** 검찰

to give presentations and trainings to other physicians
발표를 하고 또 다른 의사들이 배우게 하도록

about Botox uses that at the time were off-label.
당시 미승인 보톡스 사용에 관해서

合의의 일환으로서 앨러간은 죄를 시인하고
부정표시 의약품에 대한 형사상 경범죄로
4400억 원 지불에 동의했다.
이 회사는 보톡스 판매가 보톡스의 미승인 용도에
앞장설 수 있음을 인정했고,
비행은 부인하면서도,
보톡스 판매가 의사들의 허위지불 청구를 야기시킨다는
민간 소송을 해결하기 위해서
2640억 원 지불에 동의했다.
이 회사는 한 성명서에서 협상 타결은 소송의 희생을
피하기 위한 주주들의 이해관계에 최선이 되고
"우리 회사가 시간과 재원을 신약 개발에 집중하는데
최선의 방법이다"라고 말했다.

As part of the settlement, Allergan agreed to plead guilty
합의의 일환으로써 앨러간은 유죄 시인에 동의했다 **settlement** 해결·합의·타결
to one criminal misdemeanor misbranding charge
부정표시 의약품에 대한 형사상 경범죄에 대한 **misdemeanor** 경범죄·비행
and pay $375 million.
그리고 4400억 원을 지불하는데
The company acknowledged that
그 회사는 다음을 인정했다
its marketing of Botox led to off-label uses of the drug.
보톡스 판매가 미승인 약품 사용으로 이어진다는 것을
Allergan also agreed to pay $225 million
앨러간은 또 2640억 원을 지불하는데 동의했다
to resolve civil charges alleging that the marketing of Botox
민간 소송을 해결하기 위해서 **reimbursement** 환급

●

As part of the settlement, Allergan agreed to plead guilty to one criminal misdemeanor misbranding charge and pay $375 million. The company acknowledged that its marketing of Botox led to off-label uses of the drug. Allergan also agreed to pay $225 million to resolve civil charges alleging that the marketing of Botox had caused doctors to file false reimbursement claims, though Allergan denied wrongdoing. The company said in a statement that the settlement was in the best interest of its stockholders because it avoided litigation costs and "permits us to focus our time and resources on... developing new treatments."

had caused doctors to file false reimbursement claims,
보톡스 판매가 의사의 허위 지불 청구를 초래한다는

though Allergan denied wrongdoing.
비록 앨러간이 비행을 부인했지만

The company said in a statement that
그 회사는 한 성명서에서 다음을 말했다

the settlement was in the best interest of its stockholders
그 타결은 주주들의 이해 관계에 최선이었다

because it avoided litigation costs
그것은 소송의 희생을 피하기 때문에 **litigation** 소송

and "permits us to focus our time and resources
또한 "시간과 재원을 우리에게 집중하는 것이 가능하다

on...developing new treatments."
새로운 치료약을 개발하는데"

●

다른 의약품과 마찬가지로 앨러간은
보톡스가 심한 부작용과 관련있다고 경고하는
최고 단계 경고를 (일부 의약품에 주어지는
경고라벨의 최고 강력한 형태) 표시하도록
법으로 규정했다.
2009년에 FDA는 보톡스의 가장 심각한
부작용 가능성과
보톡스로 인하여 복시와 감기는 눈꺼풀은 물론
투여 부위에서 신체 다른 부위로 근육 약화를 유발시키는
영향이 퍼질 수 있음을 포함하도록 의무화했다

As with any drug,
다른 의약품들처럼
Allergan is legally required to make known
앨러간은 알리도록 합법적으로 의무화 되었다
Botox's most severe potential side effects,
보톡스의 가장 심각한 부작용 가능성을
and in 2009 the FDA required Botox to bear
또 2009년에 FDA는 보톡스에 포함할 것을 의무화했다
a black-box warning
최고 엄중 경고 표시를   **black-box warning** 엄중 경고 표시
—the strongest type of warning label
(경고 라벨의 최고 강력한 형태
given to any drug—
일부 의약품에 주어지는)

As with any drug, Allergan is legally required to make known Botox's most severe potential side effects, and in 2009 the FDA required Botox to bear a black-box warning—the strongest type of warning label given to any drug—cautioning that there was evidence the drug had been linked to serious side effects. With Botox, this includes effects spreading from the injection site to other parts of the body, causing muscle weakness, double vision and drooping eyelids.

cautioning that there was evidence
증거가 있다는 주의를 주는   **evidence** 증거·근거
the drug had been linked to serious side effects.
그 약은 심한 부작용과 관련있는
With Botox,
보톡스로 인한
this includes effects spreading
이런 영향이 퍼질 수 있는 것을 포함한다
from the injection site to other parts of the body,
투여 부위에서 신체 다른 부위로
causing muscle weakness,
근육 약화를 유발하면서
double vision and drooping eyelids.
복시와 감기는 눈꺼풀까지   **droop** 축늘어지다

●

의사 진료실에서 환자들은 으레 작은 약병이 들어있는

박스를 보지 못하기 때문에

최고 단계 경고 표시도 인지하지 못하게 된다.

FDA 승인 약품이든 미승인 약품이든

보톡스 치료를 선택하는 모든 병리상태의 환자 누구에게라도

위험 가능성을 설명하는 책임은 의사들에게 있다.

In physicians' offices

의사 진료실에서 **physicians' offices** 진료소

—where patients typically don't see the box

(환자는 으레 약 박스를 보지 못하는 곳인

the vials are packed in

작은 약병 안에 넣어진 **vial** 작은 약병·유리병

and therefore may be unaware

따라서 알지 못하게 될 지도 모르는

of the black-box warning—

고강도 경고 표시를)

In physicians' offices—where patients typically don't see the box the vials are packed in and therefore may be unaware of the black-box warning—the onus is on doctors to outline the potential risks with any patient choosing to try Botox for any condition, FDA-approved or not.

the onus is on doctors
책임은 의사들에게 있다   **onus** 책임 · 부담 · 의무
to outline the potential risks
위험 가능성을 설명하는데   **outline** 설명하다 · 개요를 말하다
with any patient choosing to try Botox
보톡스 치료를 선택하는 환자 누구라도
for any condition,
어떤 병리상태에 대해서도
FDA-approved or not.
FDA 승인 약품이든 아니든

●

오스틴에 있는 변호사 레이체스터는
앨러간을 상대한 여러 원고의 소송을 맡아왔는데
그가 취급했던 소송 모두가
미승인 보톡스 처방에서 연유된 일이었다고 말한다.
2014년에 뉴욕의 어느 부부는
아들의 뇌성마비 증세 치료로
미승인 약 처치를 선택했는데 보톡스가 생명을 위협하는
합병증을 일으켰다고 주장했다.
이 가족은 배심원 판결로 약 80억 원을 보상받았다.
처음에 상소를 계획했던 앨러간은
이 가족과의 소송을 사적으로 합의했고
합의 조건은 비밀로 유지되고 있다.

Ray Chester, an attorney in Austin
오스틴의 변호사 레이 체스터는　**attorney** 변호사
who has represented several plaintiffs
여러 원고의 소송을 맡았던 사람으로　**plaintiff** 원고 · 고소인
in lawsuits against Allergan,
앨러간을 상대한 소송에서　**lawsuit** 소송
says that just about all the causes he has handled
그가 취급했던 모든 소송이 바로 그것이라고 말한다
involved off-label use of the drug.
보톡스 미승인 사용처방에서 연유된
In 2014 a New York couple argued that
2014년에 뉴욕의 한 부부가 다음을 주장했다
Botox,which they chose to try off-label
그들이 승인 외 약품 치료로 선택한 보톡스가

Ray Chester, an attorney in Austin who has represented several plaintiffs in lawsuits against Allergan, says that just about all the causes he has handled involved off-label use of the drug. In 2014 a New York couple argued that Botox, which they chose to try off-label to treat their son's cerebral-palsy symptoms, caused life-threatening complications. The family was awarded $6.75 million by a jury. Allergan, which initially planned to appeal, ended up privately settling the case with the family, and the terms of the settlement have been kept confidential.

---

to treat their son's cerebral-palsy symptoms,
아들의 뇌성마비 증세 치료에
caused life-threatening complications.
생명을 위협하는 합병증을 일으켰다고   **complication** 합병증
The family was awarded $6.75 million by a jury.
그 가족은 배심원에 의해 약 80억 원을 보상받았다
Allergan, which initially planned to appeal,
처음에 상소를 계획했던 앨러간은   **appeal** 상소
ended up privately settling the case with the family,
그 가족과의 소송을 사적으로 합의하며 끝냈고   **ended up** 마무리하다
and the terms of the settlement
그리고 합의 조건은
have been kept confidential
비밀로 유지되고 있다   **confidential** 비밀의·감추는

●

비록 미승인 약품 사용이 많은 전문가와 FDA 일부
사람들의 마음을 불안하게 하지만 의료계의
그와 같은 관행은 꼭 필요한 것이다. 이것은 의사들이
신경 통증 치료제로 승인된 "리리카"라는 약품으로
불안감을 치료할 수 있게 되었거나 전립선비대 치료제
"피내스터라이드"라는 약으로 남성 탈모증을 줄일 수
있음을 알게 된 방법이기도 하다.

"일단 승인되었다 하더라도 특정 질환 또는
위험한 상태를 치료하는데 유익하도록
약품 사용에 따른 유해와 유익
각각의 균형 유지는 필수적이예요"라고
FDA 홍보관 새라 페디코드가 말한다.

Though the off-label use of drugs makes many experts
비록 미승인 약품 사용이 많은 전문가들을 만들지만
—including some at the FDA—uncomfortable,
(FDA의 일부도 포함해서) 불안하게
the practice is de rigueur in medicine.
그런 시도는 의료계에서 꼭 필요하다   **de riguer** 꼭 필요하다
It's how doctors learned that
이것은 의사들이 다음을 알게 된 방법이다
Lyrica, which is approved to treat nerve pain,
신경통증 치료 약으로 승인된 "리리카"는
can treat anxiety,
불안감 치료를 할 수 있다는 것을
and how they learned that
또한 그들이 다음을 알게 된 방법이다
finasteride, a drug that treats enlarged prostates,
전립선비대 치료약 "피내스터라이드"는

Though the off-label use of drugs makes many experts—including some at the FDA—uncomfortable, the practice is de rigueur in medicine. It's how doctors learned that Lyrica, which is approved to treat nerve pain, can treat anxiety, and how they learned that finasteride, a drug that treats enlarged prostates, can reduce male baldness.

"A separate balancing of risks and benefits is necessary for each intended use of a drug, even once it is approved, to ensure the benefits of suing the product to treat a particular disease or condition outweigh the risks," says FDA press officer Sarah Peddicord.

can reduce male baldness.
남성 탈모증을 줄일 수 있음을   **baldness** 탈모증
"A separate balancing of risks and benefits
"유해와 유익의 각각의 균형 유지는
is necessary for each intended use of a drug,
약품 사용하려는 각 의도에 필수적이다
even once it is approved,
일단 승인되었다 하더라도
to ensure the benefits of suing the product
약품 사용의 유익을 보장하기 위해서   **sue** 적용하다 · 사용하다
to treat a particular disease or condition outweigh the risks,"
특정 질환이나 훨씬 위험한 상태를 치료하는데"   **outweigh** 훨씬
says FDA press officer Sarah Peddicord.
FDA 홍보관 새라 페디코드가 말한다

그것이 우울증, 차가운 손, 심장수술환자의
심방잔떨림증세에 대해 앨러간 회사가 의사와 일반인에게
판매하고 싶은 미승인 약품 사용에 관한 이유가 되고
회사는 자체 임상실험을 실시하여 효과와 안전성을
보여주어야만 한다.

앨러간은 특히 보톡스에 대한 연구개발 예산을
공개하지 않지만 회사의 연간 F&D 예산은
대략 1조 8천억 원 정도다.
"이 약은 다른 용도의 적용 면에서는 실험되지 않았는데
여전히 차이가 많고 흥미롭기도 하며
환자들한테는 의미심장한 기회입니다"라고
앨러간의 브린 박사가 말한다.

That's why for any off-label uses
그것이 모든 미승인 약품 사용에 대한 이유다

that Allergan wants to market to doctors and the public
앨러간이 의사와 일반인들에게 판매를 원하는

—depression, cold hands, atrial fibrillation in heart-
surgery patients—
(우울증, 차가운 손, 심장수술환자의 심방잔떨림 증세에 대해)   **atrial
fibrillation** 심방잔떨림

the company must conduct its own clinical trials
회사는 자체 임상실험을 실시해야 한다   **clinical trial** 임상실험

to show its efficacy and safety.
효과와 안전성을 보여주도록

Allergan does not disclose
앨러간은 공개하지 않는다

its research-and development budget
회사의 연구 개발 예산을   **budget** 예산

That's why for any off-label uses that Allergan wants to market to doctors and the public— depression, cold hands, atrial fibrillation in heart-surgery patients —the company must conduct its own clinical trials to show its efficacy and safety.

Allergan does not disclose its research-and development budget for Botox specifically, but the company's annual F&D budget is about $1.5billion. "This drug is not done in terms of its different applications," says Allergan's Brin. "It still has many different, exciting, meaningful opportunities for patients."

---

for Botox specifically,
특히 보톡스에 대해서
but the company's annual F&D budget
하지만 그 회사의 연간 F&D 예산은 **freight & demurrage** 운임 및 체선료
is about $1.5billion.
대략 1조 8천억 원 정도다
"This drug is not done
"이 약은 실험이 되지 않고 있다
in terms of its different applications," says Allergan's Brin.
서로 다른 용도 면에서" 앨러간의 브린 박사가 말한다
"It still has many different, exciting,
"이것은 여전히 차이가 많고 흥미로우며
meaningful opportunities for patients."
환자들한테는 의미 있는 기회다" **meaningful** 의미심장한

●

보톡스의 미승인 치료 가능성에 대한 다른 연구와
마찬가지로 우울증 치료에 대한 연구는
앨러간이 주목하도록 더욱 부추겨졌다.
로젠탈 박사와 핀지의 연구에서
심각한 우울증 이상이 있는 실험대상자 74명이 보톡스와
위약 투여에 무작위로 선정되었다. 6주 뒤
보톡스가 투여된 사람 가운데 52%는 호소하던 증세가
감소한데 비해 위약을 처방받은 사람들은 15%만
증세가 감소되었다.
"응답자 50% 이상이란 높은 숫자입니다.
이들 가운데에는 우울 증세가 심해서
이전에 다른 치료를 시도했던 사람도 있었습니다."라고
핀지가 말한다.

The studies using Botox for depression,
우울증에 대한 보톡스 사용 연구는   **depression** 우울증
like other research into Botox's off-label potential,
보톡스의 미승인 치료 가능성에 대한 다른 연구처럼
were so encouraging
대단히 장려되고 있었다
that they caught the attention of Allergan.
연구가 앨러간의 주목을 붙잡도록
In Rosenthal and Finzi's research,
로젠탈과 핀지의 연구에서
74 people with major depressive disorder
심각한 우울증 이상이 있는 74명이
were randomly assigned
무작위로 지정되었다

THE STUDIES USING BOTOX for depression, like
other research into Botox's off-label potential, were
so encouraging that they caught the attention
of Allergan. In Rosenthal and Finzi's research,
74 people with major depressive disorder were
randomly assigned to receive Botox injections or
a placebo. Six weeks later, 52% of the people who
received Botox experienced a drop in reported
symptoms, compared with 15% of the people given
a placebo. "Over 50% of people responding is a
high number," says Finzi. "These are people who
have already tried other treatments, and they are
significantly depressed."

to receive Botox injections or a placebo.
보톡스 주사를 맞거나 혹은 위약이나　**placebo** 위약·가짜약
Six weeks later, 52% of the people who received Botox
6주 뒤에, 보톡스가 투여된 사람 52%는
experienced a drop in reported symptoms,
증세 호소가 감소됨을 경험했다
compared with 15% of the people given a placebo.
위약이 투여된 사람들의 15%와 비교해서
"Over 50% of people responding is a high number," says Finzi.
"응답자 50% 이상은 높은 숫자다"라고 핀지가 말한다
"These are people who have already tried other treatmen
"여기에는 이미 다른 치료를 시도했던 사람도 있었는데
and they are significantly depressed."
그들은 심하게 우울했다"　**significantly** 크게·상당히·훨씬

●

현재 앨러간은 연구 결과물이 대규모로 복제되기를
희망하면서 제2단계 임상실험을 진행 중이다.
만약 그들의 결과가
로젠탈과 핀지 팀과 유사하다면 보톡스가 공식적으로
우울증 치료제로 승인받는 길이 열리면서
영향은 어마어마하게 커질 것이다.
하지만 의사에게 생기는 변화는 아무것도 없다.
일찍부터 그들은 미승인 약 처방을 해왔고 또 일부는
상당한 결과를 근거로 지금까지 그렇게 해왔지만
앨러간한테는 우울증에 대한 보톡스 채택과 판매를 극적으로
치솟게 할 엄청난 변화의 판로를 허용하게 될 것이다.

Now Allergan hopes
이제 앨러간은 희망한다
to replicate the findings on a larger scale,
대규모로 결과물을 복제하기를   **replicate** 복제하다
and the company is currently running
또 그 회사는 현재 진행 중이다
its own Phase 2 clinical trial.
제2단계의 임상실험을
If its results are in line with Rosenthal and Finzi's,
만약 그 결과가 로젠탈과 핀지와 비슷하다면
it would be huge,
그것은 엄청날 것이다
paving the way for Botox to obtain official approval
보톡스가 공식적 승인을 받는 길을 열면서
for the drug as a depression treatment.
그 약이 우울증 치료제로써

Now Allergan hopes to replicate the findings on a larger scale, and the company is currently running its own Phase 2 clinical trial. If its results are in line with Rosenthal and Finzi's, it would be huge, paving the way for Botox to obtain official approval for the drug as a depression treatment. That wouldn't change anything for doctors, of course—they can already prescribe it off-label, and some do, with great results—but it would allow Allergan to begin marketing Botox for depression, a change that could dramatically increase its adoption and sales.

That wouldn't change anything for doctors,
그것은 의사들한테는 바뀔 것이 없을 것이다
of course—they can already prescribe it off-label,
물론 (그들은 이미 그것을 승인 외로 처방할 수 있었고
and some do, with great results—
또한 일부는 상당한 결과를 가지고 그렇게 한다)
but it would allow Allergan
하지만 이것은 앨러간을 허용하게 될 것이다
to begin marketing Botox for depression,
우울증에 대한 보톡스 판매 시작을
a change that could dramatically increase
이 변화는 엄청나게 극적으로 증가시킬 수 있다
its adoption and sales.
약 채택과 판매에 **adoption** 채택

●

하지만 우울증에 대한 보톡스 사용은
몇몇 연구자들을 당황하게 하는 의문을 제기한다.
일부 사례는 보톡스 작용방법에 대한
증거로 독소가 신경과 근육 간 신호를 막을 수 있고 이 점이
과민성방광증 또는 눈경련이나 보다 더 깊은 주름을 만드는
안면근육 경련을 진정시키는 데 도움이 되는 이유가 된다.
그렇지만 편두통과 우울증은 물론이고 다른 사례에서
과학자들은 몹시 당황한다.
그들은 어떤 특정 병리상태에서
약의 효과를 보았을지 모르지만
메커니즘의 원인에 대해 언제나 확신하는 것은 아니다.

Still, Botox's use for depression raises a question
하지만 우울증에 대한 보톡스 사용은 의문을 제기한다
that confounds some researchers.
일부 연구자들을 당황하게 하는
In some cases, how Botox works in evident:
일부 사례에서 명확한 보톡스의 작용 방법은
the toxin can block the signals between nerves and muscles,
독소가 신경과 근육 간에 신호를 막을 수 있다는 것이다
which is why it can help
그것이 어떻게 도움이 되는지에 대한 이유다
calm an overactive bladder,
과민성방광증을 진정시키는 데   **calm** 진정·안정
say, or a twitching eye, or the facial muscles
혹은 눈이나 안면근육 경련에서
that make wrinkles more apparent.
그것은 더 확실하게 주름을 만든다

Still, Botox's use for depression raises a question that confounds some researchers. In some cases, how Botox works in evident: the toxin can block the signals between nerves and muscles, which is why it can help calm an overactive bladder, say, or a twitching eye, or the facial muscles that make wrinkles more apparent. In other cases, however (with migraines as well as with depression), scientists are flummoxed. They may have noticed that the drug works for a given condition, but they aren't always sure why—in mechanism is.

In other cases, however (with migraines as well as with depression),
하지만 다른 경우에서 (편두통과 우울증은 물론이고)
scientists are flummoxed.
과학자들은 어쩔 줄 몰라 당황한다   **flummox** 당황시키다
They may have noticed that
그들은 알았을 지 모른다
the drug works for a given condition,
그 약이 주어진 상태에 효과가 있다는 것을
but they aren't always sure why
하지만 그들은 항상 이유를 확신하는 것은 아니다
—in sciencespeak,
과학적으로 말해서
they don't know what the mechanism is.
그들은 메커니즘이 무엇인지 알지 못한다   **mechanism** 기전·방법

●

우울증에 대하여 로젠탈과 핀지는 널리 알려져 있는
안면–피드백 반응과 관련이 있을 지 모른다고 생각했다.
이 이론은 찰스 다윈의 연구에서 시작하여
미국 철학자이자 심리학자인 윌리암 제임스가
가설을 더욱 심화시켰다.
이 이론은 얼굴 표정이 사람의 기분이나 감정에 영향을
줄 수 있다는 가정이다. 미소를 지어 얼굴을 들어올리면
사람의 기분도 격려되고 눈살을 찌푸리지 않거나 걱정으로
이마에 주름을 잡지 않으면 아마 초조하거나 슬픔을
느끼지 않게 될 것이다.

With depression, Rosenthal and Finzi
우울증에 대해서 로젠탈과 핀지는

think it may relate to what's known
그것이 알려진 것과 관련이 있을 지 모른다고 생각했다

as the facial-feedback hypothesis,
안면–피드백 반응이론으로   **facial feedback hypothesis** 감정이
얼굴에 영향을 미친다

a theory stemming from research by Charles Darwin
찰스 다윈에 의한 연구에서 나온 이론인

and further explored by the American philosopher
미국 철학자에 의해 더욱 탐구되었다

and psychologist Willian James.
그리고 심리학자인 윌리암 제임스에 의해

With depression, Rosenthal and Finzi think it may relate to what's known as the facial-feedback hypothesis, a theory stemming from research by Charles Darwin and further explored by the American philosopher and psychologist Willian James. The theory posits that people's facial expressions can influence their mood. Lift your face into a smile and it may just cheer you up; if you can't frown or furrow your brow in worry, perhaps you won't feel so anxious or sad.

The theory posits that
그 이론은 다음을 가정한다   **posit** 가정·단정·지정

people's facial expressions can influence their mood.
사람의 얼굴 표정은 감정에 영향을 줄 수 있다

Lift your face into a smile
미소로 얼굴을 들어올리면

and it may just cheer you up;
그것이 당신의 기분을 격려할 지도 모르고   **cheer up** 기분 좋게격려하다

if you can't frown or furrow your brow in worry,
만약 눈살을 찌푸리거나 걱정 주름을 짓지 않는다면   **frown** 눈살을 찌푸리다 **furrow** 도랑·주름

perhaps you won't feel so anxious or sad.
아마 당신은 그다지 초조하거나 슬픈 느낌은 없을 것이다

●

하지만 이것이 전부일 가능성도 있다.
2008년에 연구자 마테오 칼레오는
흰쥐 근육에 보톡스를 주사하자
이 약의 흔적을 뇌간에서 발견했다는
연구결과를 이태리 피사에 있는
국립신경과학 연구심의회에서 발표하여 논란이 있었다.
또 그는 마우스 한쪽 뇌에 보톡스를 주사했을 때
반대편으로 퍼지는 것도 보았다.
이것은 독소가 신경조직과 뇌를 출입할 수 있음을
암시하는 것이다.

But it could be something else altogether.
하지만 이것이 나머지 전체일 수도 있다
In 2008, Matteo Caleo, a researcher
2008년에 마테오 칼레오 연구자는
at the Italian National Research Council's Institute
이태리 국립 연구 심의회에서
of Neuroscience in Pisa,
피사에 있는 신경과학
published a controversial study showing that
다음을 보여주는 논란이 된 연구를 발표했다 **controversial** 논란이 있는
when he injected the muscles of rats with Botox,
그가 흰쥐 근육에 보톡스를 주사하자

●
But it could be something else altogether. In 2008, Matteo Caleo, a researcher at the Italian National Research Council's Institute of Neuroscience in Pisa, published a controversial study showing that when he injected the muscles of rats with Botox, he found evidence of the drug in the brain stem. He also injected Botox into one side of the brain in mice and found that it spread to the opposite side. That suggested the toxin could access the nervous system and the brain.

he found evidence of the drug in the brain stem.
뇌간에서 그 약의 흔적을 발견했다   **brain stem** 뇌간
He also injected Botox
그는 또 보톡스를 주사했다
into one side of the brain in mice
마우스 뇌 한쪽에
and found that it spread to the opposite side.
그러자 그것이 반대편으로 퍼지는 것을 보았다
That suggested the toxin could access
그것은 독소가 출입할 수 있음을 암시했다
the nervous system and the brain.
신경조직과 뇌를   **access** 출입

●

"우리는 대단히 회의적이었습니다"라고 메디슨에 있는
위스콘신 대학 신경과학 교수 에드윈 채프먼이
칼레오의 연구를 검토한 다음 그렇게 말한다.
그런데 2016년 8월에 채프먼과 그의 대학원생
이와 봄바-와크작은 세포연구지에 실험실 내 동물 세포에서
비슷한 퍼짐 효과를 나타내는 연구를 발표했다.
채프먼 교수는 이 현상에 대하여
이전에 다른 의사들로부터 들은 적이 있는
이야기라고 설명했다.
즉 보톡스는 주입된 지점뿐만 아니라
중추 신경계에 영향을 미칠지도 모른다는 것이다.

"We were very skeptical,"
"우리는 대단히 회의적이었다"   **skeptical** 회의적

says Edwin Chapman, a professor of neuroscience
신경과학 교수 에드윈 채프먼이 말한다

at the University of Wisconsin—Madison,
매디슨에 있는 위스콘신 대학의

after reading Caleo's study.
칼레오의 연구를 읽은 다음

But in August 2016,
하지만 2016년 8월에

Chapman and his graduate student Ewa Bomba-Warczak
채프먼과 그의 대학원생 이와 봄바-와크작은

published a study in the journal Cell Reports
셀 리포트 저널에 한 연구를 발표했다

"We were very skeptical," says Edwin Chapman, a professor of neuroscience at the University of Wisconsin—Madison, after reading Caleo's study. But in August 2016, Chapman and his graduate student Ewa Bomba-Warczak published a study in the journal Cell Reports showing similar spreading effects in animal cells in the lab. For Chapman, it explained what he was hearing anecdotally from doctors: that Botox might be influencing the central nervous system and not just the area where it's being injected.

showing similar spreading effects
유사한 퍼짐 효과를 보여주는
in animal cells in the lab.
실험실 내 동물 세포에서
For Chapman, it explained what
채프먼은 그것을 이렇게 설명했다　**anecdotally** 일화로
he was hearing anecdotally from doctors:
그가 의사들에게 일화로 들었던 것이라고 즉,
that Botox might be influencing
보톡스가 영향을 미칠지도 모른다는 것을
the central nervous system
중추 신경계에
and not just the area where it's being injected.
주입된 지점뿐만 아니라

역설적으로 말해서 이것은 일부 연구자들을
극도로 흥분시킨 보톡스의 목적 외 효과다.
"보톡스는 이런 식으로 우리의 생각과 다르게
작용할지도 모르고 어쩌면 더 복잡할 수도 있어요."라고
봄바–와크작이 말한다.
채프먼과 봄바–와크작 두 사람은 보톡스를 바르게 사용하면
안전하다고 생각하지만 그들의 연구가 발표되고 난 후
받은 메일함이 순식간에 이메일로 가득 찼다고
채프먼 교수가 말한다.
"이 독소에 피해를 입었다고 느끼는 사람들 숫자에 놀랐습니다.
우리는 이 물질이 상당히 안전하다고 느낍니다만, 현재 일부
사람들은 이 독소가 때론 돌이킬 수 없는 경우를 초래할 수도
있다고 믿는 것으로 보입니다. 그것은 전혀 알 수 없습니다."

Ironically, it's the off-target effects of Botox
역설적으로 이것은 보톡스의 목적 외 효과다

that have some researchers most excited.
일부 연구자들을 대단히 흥분시킨

"Botox may be working in a way
"보톡스는 이런 식으로 작용할 지 모른다

that is different from what we think," says Bomba-Warczak.
우리의 생각과는 다르게"라고 봄바–와크작이 말한다

"It may be even more complex."
"어쩌면 더 복잡할 수도 있다"

Chapman and Bomba-Warczak both think
채프먼과 봄바–와크작 두 사람은 생각한다

Botox is safe when used correctly, but
보톡스가 올바르게 사용될 때 안전하다고, 하지만

they say their inboxes quickly filled with messages
받은 메일함이 메시지로 순식간에 채워졌다고 그들은 말한다

●

Ironically, it's the off-target effects of Botox that have some researchers most excited. "Botox may be working in a way that is different from what we think," says Bomba-Warczak. "It may be even more complex."

Chapman and Bomba-Warczak both think Botox is safe when used correctly, but they say their inboxes quickly filled with messages after their study was published. "We were startled by the number of people who feel they were harmed by these toxins," says Chapman. "We feel these were pretty safe agents. Now it seems that for some people, they believe the toxin can sometimes cause something that may be irreversible. And that's a total mystery."

---

after their study was published.
그들 연구가 발표된 후에   **publish** 출판·발표

"We were startled by the number of people
"우리는 사람들 숫자에 놀랐어요

who feel they were harmed by these toxins," says Chapman.
이 독소에 피해를 입었다고 느끼는"라고 채프먼이 말한다

"We feel these were pretty safe agents.
"우리는 이 물질이 상당히 안전하다고 느낀다

Now it seems that for some people,
현재 일부 사람이 보는 것 같다

they believe the toxin can sometimes cause
보톡스가 때때로 유발 할 수도 있다고 믿는 것으로

something that may be irreversible.
돌이킬 수 없는 무엇인가를   **irreversible** 뒤집을 수 없는

And that's a total mystery."
이것은 완전히 알 수 없는 것이다"

●

앨러간 회사는 보톡스가 약품으로써
잘 확립되어 있고 독소의 유익성과 유해성도
잘 이해되어 있다고 말한다.
"지난 25년 이상 실제 임상경험이 있었고... 과학과 의학
학술지에 대략 3,200여 편의 논문들도 있고,
허가를 받고 판매되고 있는 90개 이상의 시장과
많은 지표들이 있기 때문에
보톡스와 보톡스 미용은
전세계에서 가장 널리 연구되는 중심에 있습니다"라고
앨러간 회사의 대표 한 사람이 이메일에 썼다.

Allergan says
앨러간은 말한다
Botox is well established as a drug
보톡스는 약품으로써 잘 정착되었다고   **establish** 확립하다
and that the benefits and risks of toxins
그리고 독소의 혜택과 위험은
are well understood.
잘 이해되고 있다고
"With more than 25 years of real-world clinical
experience ...
"실제 임상 경험이 25년 이상 되고
approximately 3,200 articles
대략 3,200개 논문들이 있고

Allergan says Botox is well established as a drug and that the benefits and risks of toxins are well understood."With more than 25 years of real-world clinical experience … approximately 3,200 articles in scientific and medical journals, marketing authorizations in more than 90 markets and many different indications, Botox and Botox Cosmetic are [among] the most widely researched medicines in the world," an Allergan rep wrote in an emailed statement.

in scientific and medical journals,
과학과 의학 저널에

marketing authorizations in more than 90 markets
90 이상 시장에서 판매 허가와   **authorization** 위임·허가

and many different indications,
많은 여러 지표들이 있기 때문에

Botox and Botox Cosmetic are [among]
보톡스와 보톡스 미용은 한 가운데 있다

the most widely researched medicines in the world,"
전세계에서 가장 널리 연구되는 약품의

an Allergan rep wrote in an emailed statement.
앨러간 한 대표는 이메일에서 그렇게 주장했다

●

설령 보톡스 메커니즘이 언제나 잘 이해되는 것이 아니고
일부 미승인 적용은 아직 입증되지 않았다 하더라도
이 약에 대한 관심은 줄어들 것 같지 않다.
10년 이상 보톡스를 가까이서 지켜 보아온 샌포드 C.
번스테인에 있는 투자 전문가 로니갤은 이렇게 말한다.
"보톡스는 의사 진료에 큰 돈벌이가 됩니다.
제가 의사들과 이야기하면 그들은 보톡스가
아무 문제가 없다고 말합니다.
이것이 사람들이 원하는 결과를 얻는데 효과적이고
우울증과 심방잔떨림에 효과가 있다면
영향이 대단히 커질 것입니다."

Even if Botox's mechanism isn't always
보톡스 메커니즘이 항상은 아니라 하더라도　**mechanism** 체계·방법
well understood and
잘 이해되고 또
some of its off-label uses are still unproven,
일부 미승인 사용이 아직 입증되지 않았는데도
interest in the drug isn't likely to wane.
그 약에 대한 관심은 줄어들 것 같지 않다
"Botox is a big cash cow for the physicians' practices,"
"보톡스는 의사진료에 큰 돈벌이가 된다"
says Ronny Gal, an investment analyst
투자 전문가 로니 갤이 말한다　**investment** 투자
at Sanford C. Bernstein
샌포드 C. 번스테인의

Even if Botox's mechanism isn't always well understood and some of its off-label uses are still unproven, interest in the drug isn't likely to wane. "Botox is a big cash cow for the physicians' practices," says Ronny Gal, an investment analyst at Sanford C. Bernstein who has watched the drug closely for more than a decade. "When I talk to physicians, they say, 'Botox is not a problem. It works and gives you the result you want.' If it works for depression and atrial fibrillation, it could be massive."

who has watched the drug closelyfor more than a decade.
그는 10년 이상 보톡스를 가까이서 지켜 보아왔다 **decade** 십년
"When I talk to physicians, they say,
"내가 의사들에게 말할 때 그들은 말한다
'Botox is not a problem.
'보톡스는 문제가 없다
It works and gives you the result you want.'
그것은 당신이 원하는 결과를 효과적으로 준다'
If it works for depression and atrial fibrillation,
그것이 우울증과 심방잔떨림에 효과적이라면 **fibrillation** 섬유성 연축떨림
it could be massive."
그것은 엄청난 것이 될 수 있다"

11월에 미국식약청은 미승인 약품 사용 문제와
판매 관련 식약청 규정에 대하여
전문가 의견을 경청하는 이틀간의 심의회를 개최했다.
일부 과학자들은 이런 관행이 과학적 진보를 위하여
또 의사와 난치병 상태의 환자들에게 몹시 절박한
대안제 제공의 길을 마련하는 것이라고 말했다.
한편 다른 전문가들은 미승인 약품 사용이 무엇보다
금전적 동기가 우선되면서 공중보건과
특히 어린이들에게 실험적으로 사용될 경우
심각한 위협을 초래한다고 했다.

In November, the FDA held
11월에 미국식약청은 개최했다 **FDA** 미국식약청
a two-day hearing asking for expert comment
전문가의 의견을 요청하는 이틀간의 심의회를
on the agency's rules
식약청 규정에 관해서
concerning off-label drug use and marketing.
승인 외 약품 사용 문제와 판매의
Some said the practice paves the way
일부는 치료 분야의 길을 만들었다고 말했다
for scientific progress and
과학적 진보를 위해 **pave the way for** 길을 닦다

IN NOVEMBER, the FDA held a two-day hearing asking for expert comment on the agency's rules concerning off-label drug use and marketing. Some said the practice paves the way for scientific progress and gives doctors and their patients much needed alternatives for hard-to-treat medical conditions. Others said that off-label drug use is primarily financially motivated and that it poses a serious threat to public health, particularly when drugs are used experimentally on children.

gives doctors and their patients much needed
의사와 몹시 절박한 환자들에게 주는
alternatives for hard-to-treat medical conditions.
불치병의 대안제로써
Others said that off-label drug use
다른 사람들은 말한다 승인 외 약품 사용은
is primarily financially motivated and
우선적으로 금전적인 동기가 된다고　**pose** 제기하다
that it poses a serious threat to public health,
그것은 공중보건에 심각한 위협을 야기한다
particularly when drugs are used experimentally on children.
특히 약품이 실험적으로 어린이에게 사용되었을 때

●

미식약청 주제인 미승인 약품 사용은 한동안 주목을 받아왔다.

"약품의 미승인 사용의 많은 사례들이 의료계에서 공통적으로
수용되고 있는 경우조차 나중에 안전하지 않다거나
비효과적이거나 둘 다의 경우에 해당되는 것으로 나타날 때는
공중 보건에 큰 타격을 주기도 합니다"라고
FDA 소속 페디코드가 말한다.
다음 행정부에서는 어떤 회전축으로 미식약청에
주안점을 두게 될지 불투명하다.
대통령 당선자 도널드 트럼프는 취임 100일 이내에
"의약청(DA) 규제를 완화하겠다"고 약속했고,
내부 관계자들은 트럼프 행정부가 미승인 약품 사용에 대해
이미 감독을 제안하고 있는 그 기관을
더욱 느슨하게 풀 것으로 생각하고 있다.

━●━━

Off-label use is a topic the FDA has been eyeing for
some time.
미식약청 주제인 미승인 약품 사용은 때때로 주목을 끈다

"There have been many instances
사례들이 많이 있다 **instance** 사례

where unapproved uses of a drug,
승인되지 않은 약품 사용의

even when commonly accepted
심지어 일반적으로 받아들여지고 있는 경우조차

by the medical community,
의료계에서

have later been shown to be unsafe orineffective or both—
나중에 안전하지 않거나 비효과적이거나 둘 모두의 경우

sometimes with devastating consequences
때로는 결과적으로 큰 타격을 받는 **devastate** 파괴적

to public health," says the FDA's Peddicord.
공중건강에"라고 FDA의 페디코드가 말한다

●

Off-label use is a topic the FDA has been eyeing for some time. "There have been many instances where unapproved uses of a drug, even when commonly accepted by the medical community, have later been shown to be unsafe or ineffective or both—sometimes with devastating consequen-ces to public health," says the FDA's Peddicord.

It's unclear how the FDA's focus will pivot with the next Administration. President-elect Donald Trump has pledged that in his first 100 days, he would be "cutting the red tape at the DA," and insiders have speculated that a Trump Administration would loosen the agency's already limited oversight on off-label use.

It's unclear how the FDA's focus
미식약청의 어디에 주안점을 둘지 불확실하다

will pivot with the next Administration.
다음 행정부에서 회전축이 어느 방향으로 움직일지   **pivot** 회전축

President-elect Donald Trump
대통령 당선인 도널드 트럼프는

has pledged that in his first 100 days,
취임 100일 내에 약속했다   **pledge** 약속

he would be "cutting the red tape at the DA,"
그가 의약청에 규제를 완화할 것이라고   **DA: Durg Administration** 의약청

and insiders have speculated that
내부 관계자들은 생각하고 있다   **speculate** 생각하다

a Trump Administration would loosen
트럼프 행정부가 느슨하게 규제를 푼다는 것을

the agency's already limited oversight on off-label use.
이미 미승인 약품 사용에 감시 제한을 하는 기관에 대해

●

하지만 그 법이 수정되지 않는다 하더라도,
미승인 약품 사용이 법으로 허용되는 한,
의료적 발전이라는 이름으로
때로는 놀라운 결과를 가지고
의사들은 보톡스 치료 적용의 범위를 확대하는 추진을
계속할 것으로 생각된다.

자살 충동이 있던 환자에게 보톡스를 권했던
메릴랜드 정신과 의사 노만 로젠탈은
환자에게서 직접적인 좋은 효과가
보인다고 말한다. 로젠탈에게 설득된 그 환자는 실제로
앞이마와 미간에 보톡스 주사를 맞았다.
며칠 뒤 로젠탈이 환자로부터 받은 감사의 이메일 마지막에
환자는 기분이 좋아졌다고 썼다.

But even if the laws remain unchanged,
하지만 그 법이 변치 않고 유지된다 하더라도

as long as off-label uses are permitted by law,
승인 외 사용이 법으로 허용되는 한   **permit** 허가하다

expect doctors to keep pushing
의사들은 추진을 계속할 것으로 생각된다

the boundaries of Botox's applications—
보톡스 치료 적용의 범위를 확대하도록

sometimes in the name of medical progress
때로는 의료적 발전이라는 이름으로

and sometimes with remarkable results.
때로는 놀라운 결과로써

Norman Rosenthal, the Maryland psychiatrist
메릴랜드 정신과 의사 노만 로젠탈은

who recommended Botox for his suicidal patient,
자살 충동이 있는 그의 환자에게 보톡스를 권했던

But even if the laws remain unchanged, as long as off-label uses are permitted by law, expect doctors to keep pushing the boundaries of Botox's applications
—sometimes in the name of medical progress and sometimes with remarkable results.

Norman Rosenthal, the Maryland psychiatrist who recommended Botox for his suicidal patient, says he's seen the upside firsthand. The patient, persuaded by Rosenthal, did indeed get Botox shots on his forehead and between his brows. Days later, Rosenthal got an email from the patient. It was a thankyou note. Finally, the patient wrote, he was feeling better.

says he's seen the upside firsthand.
직접적인 좋은 점이 보였다고 말한다   **firsthand** 직접
The patient, persuaded by Rosenthal,
로젠탈에게 설득된 그 환자는
did indeed get Botox shots on his forehead
실제 앞이마에 보톡스 주사를 맞았고
and between his brows.
그리고 미간에도 맞았다
Days later, Rosenthal got an email from the patient.
며칠 뒤 로젠탈은 환자의 이메일을 받았다
It was a thankyou note.
감사의 편지였다
Finally, the patient wrote, he was feeling better.
끝으로 환자는 기분이 좋아졌다고 썼다

Botox FAQ

보톡스는 본래 사시 치료약으로 개발된 후 오늘날 일부 승인
약으로 또 일부는 미승인 약으로 다양한 질환에 사용되고 있다.
다음은 미국에서 보톡스에 대하여 자주 있는 질문과 대답이다.

1 보톡스는 무엇인가?

보톡스는 클로스트리듐 보툴리눔이라고 불리는
박테리아에서 나오는 세균으로,
상한 음식을 입으로 먹을 때 심각한 식중독을
일으키는 독성물질이다.

2 보톡스는 보험에 적용되는가?

주름개선 처방에는 적용되지 않는다. 일부 보험 회사에서는
다른 치료로 효과가 없는 경우에 FDA 승인 용도에 한하여
보험을 적용하는 곳도 있다. 대부분의 보톡스는 복수의 시술을
필요로 하고 회당 $350에서 $500 비용 정도가 든다.

3 보톡스는 안전한가?

FDA는 보톡스에 대하여 처방 시 심각한 위험이 따를 수 있는
의약품 가운데 최고 단계의 경고를 표시하도록 의무화 했는데,
많은 전문가들은 승인된 용도 내에서 면허를 받은 의사가
올바르게 사용하면 안전하다는데 동의한다. 하지만 여전히
심각한 부작용에 대한 사례가 보고되고 있다.

Botox FAQ

Botox was invented as a drug to treat crossed eyes. Today it's used on a wide range of disorders- -some approved, some not. Here's what to know:

1 WHAT IS BOTOX?

Botox comes from a bacterium called Clostridium botulinum that can cause severe food poisoning if eaten. When the drug is injected, it delivers a tiny dose of toxin that blocks communication between nerves and muscles.

2 DOES INSURANCE COVER IT?

Not for wrinkles. Some companies will cover it for FDA-approved medical uses if other therapies have not worked. Out of pocket, it can cost $350 to $500 per injection. Most treatments require multiple shots.

3 IS IT SAFE?

The FDA requires Botox to bear a black-box warning--an alert that the drug may come with major risks--but most experts agree it's safe when used correctly for approved conditions. Still, serious side effects have been reported.

보톡스가 사용 되는 범위

보톡스의 가장 잘 알려진 용도는 얼굴 주름 개선이다.
현재 보톡스는 미용 용도가 아닌 의약품으로서
상당한 수입을 올리고 있다.
FDA에서 승인한 용도는 다음과 같다.

보톡스의 **FDA** 승인 용도

보톡스는 다음 용도로 사용을 승인받기 위하여
엄격하고 엄정한 임상실험을 거쳤다.

사시 (사팔눈)

안검 경련 (눈꺼풀 연속 경련)

경부 근육 긴장이상 (심각한 목 경련)

심한 겨드랑이 땀

팔 근육 경직

만성 편두통 예방

과민성방광증

다리 근육 경직

일부 안면 주름

WHAT BOTOX IS USED FOR

Best known for reducing facial wrinkles, Botox is approved by the FDA for the conditions below. The drug now brings in significantly more revenue for its noncosmetic uses.

FDA-APPROVED

Rigorous clinical trials were required before Botox was determined to be safe and effective for these uses:

- Strabismus (crossed eyes)

- Blepharospasm (eyelid spasms)

- Cervical dystonia (severe neck spasms)

- Severe underarm sweating

- Upper-limb spasticity

- Chronic-migraine prevention

- Overactive bladder

- Lower-limb spasticity

- Some facial wrinkles

보톡스의 FDA 미승인 용도

일단 신약이 한가지 용도로 승인을 받으면 의사가 도움이 된다고
판단하는 개선치료에 미승인 용도로 사용이 가능하다.
다음 몇 가지 용도에 대하여 의료계에서 수용하고 있다.

심각한 찬 손

턱 개구 장애

요통

언청이 자국

성기능 통증

우울증

조루증

파킨슨 병

항문 균열

침 흘림

습관적 이갈이

OFF-LABEL

Once a drug has been approved for one condition, doctors can use it for any disorder they think it can help. Here are just a few uses doctors have embraced:

- Severely cold hands
- Lockjaw
- Back pain
- Cleft-lip scars
- Painful sex
- Depression
- Premature ejaculation
- Parkinson's-disease symptoms
- Anal fissures
- Drooling
- Teeth grinding